台灣書房

台灣書房

FORMOSA

紅毛探親再記

島內島外趴趴走

陳政三◎著

五南圖書出版公司 印行

自 序 門裡・門外 ────────────○

1771年（乾隆三十六年），倍勇斯基伯爵（Count de Benyowsky）探險東台灣。〈倍勇斯基伯爵東台灣奇幻之旅〉乙文敘述他率領三桅船、96位亡命者，停留東岸19天，期間和阿美族、平埔族與泰雅族衝突或合作的故事。離台時，留下一位波蘭籍的小駱基諾（young Loginow），等他們回來建立殖民地。不料，伯爵爽約了，小駱基諾也就根留台灣，成為原住民的「紅毛親戚」。

鴉片戰爭期間，自命天朝的大清帝國屢戰屢敗，英國發現狀似兇猛的老虎，居然是紙紮的，胡打亂贏，連自己都不太敢相信。期間只有一個地方「連戰皆捷」──孤懸海外的台灣總兵達洪阿、道台姚瑩居然3次「擊敗」來犯英船。道光帝可樂了，批示多句反映壓抑之紓解：「大快人心」、「稍舒積忿」、「全賴爾等智勇兼施，為國宣威；朕嘉悅之懷，筆難罄述」。幾位英俘在台灣留下不愉快的紀錄，還興起「美麗島──好個錯誤的名稱」（Formosa, a sad misnomer）的想法。〈鴉片鬼佬死亡之旅〉描述100多位英國俘虜在台灣被處決的故事，裡面牽涉虛報戰功、內部鬥爭、外交折衝與代罪羔羊的情節。

〈李仙得將軍與卓杞篤酋長〉敘述1867年美國駐廈門領事李仙得將軍（General Charles W. Le Gendre）來台處理船難事件，和排灣族琅𤩝下18社首領卓杞篤（Tooke-tok）會晤的過程，達成美國與該族間的口頭合約。1869年2月28日，李仙得再度會晤卓杞篤，簽訂「書面合約」。〈遇見卓杞篤〉試圖解開這位恆春半島大頭目的神秘面紗。〈尋人啟事——搶救多馬先生・搶救船難水手〉從各個外國船難、查訪、營救事件，反映、探討19世紀洋人、原住民與漢人的關係。〈平埔與高山原住民的「紅毛親戚」情懷〉則是從荷蘭、西班牙理台開始，以及後來的船難事件，原住民和洋人有了「傳宗接代」關係，導致不少原住民族群把洋人當作「紅毛親戚」。而日本「生蕃通」森丑之助，也曾被泰雅族蘇魯社視為分支同宗；鄒族則認為日本人像同宗Maya的後裔。

〈靠海吃海——番鬼與海盜〉描述早期兩岸往來商船，可能受到海盜劫掠、綁票的情形。〈老地圖・小故事・說台灣〉以4類型地圖，解說裡面隱含的故事。〈鄒和澎湖煤礦探勘行〉是19世紀歐美國家亟思從台澎地區取得輪船主要動力煤炭的縮影。〈日治時期原住民海外及島內觀光記〉挖掘從荷蘭、大清、日本，以迄國府時期，原住民不但在島內四處觀光，也有機會到大清中國、日本，甚至英國考察的故事。這種島內外考察，是各時代台灣統治者都很喜歡採用的統治手段之一；但原住民也因此有了增長見聞的機會。特別感謝南天書局魏德文先生，慷慨提供多幅原住民赴日本觀光考察的珍貴圖片，豐富了該文與本書的可讀性。

本書總共搜集11篇相關文章，和拙著《紅毛探親記：1870年代福爾摩沙縱走探險行》（台北：五南，2013）題材雖部分類似，但範圍更廣，尤其原住民更是跨足海外，因此命名為《紅毛探親再記：島內島外趴趴走》。

　　這是筆者第10本和台灣歷史文化相關的書籍。10餘年來，摸索過程，受到多位貴人相助，得能從「門外」踏入研究台灣的「門裡」流連多年，有苦、有樂。感謝在研究、寫作、出版幫助過筆者的長者、朋友，以及曾買過我任何一本小勞作的讀者。真努力喔！

陳政三

紅毛探親再記

島內島外趴趴走

目 錄

導讀 外國探險家與19世紀老台灣

一、導論──台灣鎖島解體

1842年《南京條約》雖打破大清帝國堅守的「朝貢制度」，但即使1858年與列強訂定更屈辱的《天津條約》，天朝仍不願承認新的「條約制度」，直到1860年英法聯軍進佔北京，迫簽《北京條約》，才接受失敗的事實。《天津條約》開放「台灣、淡水」2通商口岸，揭開台灣對外關係新紀元。

1861年7月，郇和（Robert Swinhoe）在台灣府（今台南）設立有史以來第一個駐台外交單位──英國副領事館，加速開港通商腳步。1862年7月淡水海關成立，緊接著有皆由西洋人掌管的雞籠（基隆）、打狗（高雄）及安平海關陸續成立。1868年11月爆發「英艦砲擊安平事件（樟腦戰爭）」，取消了洋人貿易、旅行、居住與遷徙的限制，使得台灣更加開放，有更多外國人來台。1874年「牡丹社事件」，日本出兵恆春半島，清國全面解除190年來（1684-1874）移民來台的限制，「開山撫番」揭開「內山」（中部山區）及「後山」（東部）的神秘面紗，住民族之間，以及各族群和西洋人的互動有了一番新面貌。

二、五花八門的「紅毛親戚」

19世紀老台灣是各國探險家的天堂，貿易商機、工作關係、博物採集、戰爭採訪吸引洋人來台。平埔族誤以為他們是17世紀荷蘭紅毛人的後代，暱稱為「紅毛親戚」（red-haired relations）。

他們成員複雜，包括：英國領事館員郇和、額勒格里（William Grego-

ry）、倭妥瑪（Thomas Watters）、費
笠士（George Phillips）、布勒克（T. L.
Bullock）、謝立山（Alexander Hoise）；
海關人員滿斯文（William Maxwell）、
必麒麟（William A. Pickering）、韓威禮
（William Hancock）；傳教士郭德剛（Fer-
nando Sainz）、馬雅各（James L. Maxwell,
Sr.）、李庥（Hugh Ritchie）、甘為霖
（William Campbell）、馬偕（George Les-
lie MacKay）；因戰爭或動亂來台的3位美
國人李仙得（Charles W. Le Gendre）、豪士
（Edward H. House）、達飛聲（James W.
Davidson）；專程採集博物的福鈞（Rober
Fortune）、威爾福（Charles Wilford）、

▲老年必麒麟（《Pioneering in For-
mosa》）

柯靈烏（Cuthbert Collingwood）、史蒂瑞（Joseph B. Steere）、何必虞（A. P.
Holst）；撰寫台灣歷史的茶商德約翰（John Dodd）、法國外交官于雅樂（Ca-
mille C. Imbault-Huart）、德國歷史學家沃斯（Albrecht Wirth）；海員安德生
（Lindsay Anderson）、巴克斯（Bonham W. Bax）；把老台灣留在鏡頭下的攝
影師湯姆生（John Thomson）、帛爾陀（M. Berthault），……等等。

　　除了「專職」學者，其他都是博物「業餘」玩票者，因各種學會及刊物的
鼓勵，探險、採擷、研究蔚為風潮，有的表現不輸專家，甚至成了權威，如
各方面兼具的郇和與德約翰，或成為植物學大師的韓爾禮醫師（Dr. Augustine
Henry）及鳥類為主的德拉圖什（John David de La Touche）等海關人員。相反
的，有的專家表現「不及格」，如英國植物學者柯靈烏「不務正業」採集到的
5種鳥類，被郇和及鳥類權威季刊《朱鷺》（*Ibis*）主編紐頓（A. Newton）評
為「鳥學欠佳，錯用學名」；植物方面的威爾福、鳥類為主的何必虞只是採集

▲達飛聲（David Wright提供）

▲豪士（東京大學明智新聞雜誌文庫藏）

人，未見著作；人類學者史蒂瑞成果豐碩，且有鳥類新種發現，還以一把左輪手槍換了至少29件新港文書（the Sinkan Manuscripts）。

三、老外看台灣

（一）「鳥人」外交官郇和（Robert Swinhoe）

生平

　　郇和（1836-1877卒），另用過士委諾、勳嘉等名，生於印度加爾各答，倫敦國王學院肄業（1852-1854），1854年通過外交考試，獲聘駐香港公使館臨時譯員，翌年轉調駐廈門領事館，稍後升任二等助理（2nd assistant）。

　　1861年7月就任駐台灣府副領事，因水土不服，加上安平港貿易不佳，12月

20日遷館淡水。1862年5月10日離
開淡水,回倫敦養病;迄1864年1
月31日才返回淡水,前後長達1年
8個多月。返英期間在研討會發表
多篇論文,接受演說邀請,入選
多個學會會員,是他的「學術萌芽
期」。

　1864年11月7日移館打狗。
1865年4月底正式以打狗領事館名
義對外。1866年3月調駐廈門領
事。1867年調寧波領事。1868年12
月11日至翌年1月底,以及1869年
6月初,奉命以「駐台領事」(the
Consul of Taiwan)身分返任處理
「樟腦戰爭」善後事宜。

　1869年下半年請1年半病假返
英。1871年5月回任寧波領事。

▲郇和(《*Ibis*》,1908)

1873年4月底調駐芝罘(煙台)領事,終因下肢癱瘓,10月返英就醫;1875年
8月25日因無法痊癒,正式辦理退休。1877年替史蒂瑞鑑定在台採集的鳥類
標本,發現新品種,遂以史蒂瑞姓氏命名為*Liocichla steerii*(*Swinhoe*)──
「藪鳥」(黃胸藪眉,Steere's Babbler),並在10月號《朱鷺》(Ibis, 1: pp.
473-474)發表〈福爾摩沙來的新鳥種〉(On a New Bird from Formosa),是生
前最後發表的文章。同年10月28日逝世於倫敦,得年僅41歲又2個月。

見聞

　1856年3月間,郇和首度來台,搭乘葡萄牙籍改良歐式帆船(Portuguese lorcha，又稱廣艇）至新竹縣湖口鄉鳳山村（Hongsan or Hongshan）停留2週，記錄多種鳥獸，一般認為係作博物採集；不過「奉派密訪，搜尋歐美船難漂民」可能才是主要任務。

1857年和1858年兩度搭乘剛強號（*Inflexible*）環航台灣，搜尋歐美船難漂民，兼偵測民情、礦產、海岸、港口情形。郇和至少在三篇文章多處提及1857年之行。

綜合2次環航台灣，都曾至屏東內寮庄拜訪娶排灣女的頭人林萬掌，打聽歐美船難漂民的消息。1858年之行在立霧溪口遭到太魯閣人攻擊，郇和認為附近住約200漢人，可能是被流放的罪犯，還聽說「多年前官府從大陸運了幾隻老虎過來，縱入山區，希望殲滅山中的食人族；但後者都是高明而且腦袋靈光的獵人，當然不可能輕易的被老虎吃掉。」

在交易過程，發現蘇澳漢人金錢觀念淡薄，「為了自衛，他們聘請一批精於射擊、擅長武術的民兵（sharp-shooting militia），經常帶著保養頗佳的火繩槍、佩掛腰刀，巡邏附近山區」。

至於南風（方）澳的猴猴人，「不喜被稱做『生番』（Chin-hwan or raw foreigners），自認為和我們一樣，都是『番啊』（Hwan-ah）——『外來客』（foreigners）的意思。」1864年郇和再訪南風澳，發現1857年訪問過的猴猴平埔族村人口變多、村莊規模變大了，而且已有政府成立的「社學」，教導兒童「孔孟學說」。

他同情噶瑪蘭人的遭遇，「他們生活淒慘，四處流浪，乞討維生，只要一犯錯，漢人就剝奪、侵占其土地，無情的把他們趕離家園。這些可憐的族群只是噶瑪蘭平原的少數民族，不多久，恐怕就會被快速成長的篡奪者所湮滅」，認為噶瑪蘭人的弓箭，「顯然是早期過著優遊自在、獨立自主生活的遺物，雖然極不願放棄舊日美好時光，但已時不我予」。有部分噶瑪蘭人認為郇和等人，「你們一定是荷蘭來的，因為從沒聽說有其他『紅毛番』（red-haired for-eigners）。」

1862年4月中下旬，他專程探訪北泰雅族奎輝社（桃園縣復興鄉奎輝村），娶「番婦」的通事向泰雅人介紹郇和及他的僕人與嚮導，「他們和你們一樣，也是『番』（foreigners）」，這才解除泰雅人的戒心，再經射擊比畫，郇和威力強大的來福槍及懷錶讓眾人為之驚嘆，「土著急於想知道我們是否漢人請來消滅他們的槍手……，要我宣示彼此友誼永固，還說我和他們是同國的，應該聯手將剃光頭的流氓趕出這片土地。」他發現由於漢人引入酒精的戕害，以及不明的原因，造成土著人口越來越少，雖憂心漢人的鯨吞蠶食，但認為憑著山區的屏障，泰雅人應該還可撐上幾個世紀。他詳細描述奎輝人紋面方式，並記載結婚時，「新郎將出草取得的頭殼捧給新娘，新娘倒入酒，與腦漿拌和，從頭目開始，一一輪喝，最後才由新郎啜飲。」

住在奎輝社附近的漢人用「番話」與郇和交談，發現郇和居然聽不懂，還自以為是的認為，「全世界的『番』（foreigners）系出同源，應該說同樣語言，而像他們這種『人』（men）才是最優秀的種族，享有各種優勢，」郇和鐵定受夠被稱為「番」的氣，大篇幅敘述漢人的語言暴力，並認為包括閩南語在內的所有清國語言，都帶有嚴重的種族歧視意味：「雖然他們承認有鐵甲艦的『甲板番』（Kapan or ship foreigner）勢力很大，但野蠻的山番卻是『奴才』（notsai or slaves）……為了區別兩者，漢人稱呼土著『生番』（raw fan）或『土番』（too fan），稱洋人『紅毛番』（red-haired foreigners）；福爾摩沙以及全清國的官員與知識份子則稱洋人為『夷人』（Ejin）。」

1864年7月，郇和探訪恆春半島，發現車城南邊的排灣人長相不一，男人已剃頭辮髮，雖與漢人來往，但雙方仍無互信，出門都隨身攜帶武器；女排灣人則在各方面與蘇澳猴猴族女性相似。郇和記錄排灣族語言、展示步槍及手槍的威力、詳細描述排灣人的弓箭、鐵刀。他記載半島排灣族全部人口約1萬人，都臣屬於豬勝束社大頭目卓杞篤（Tok-ke-tok）與他的4個兒子管理之下，還指出同時代其他人未曾提過、挺有意思的「排灣女王」說法，「傀儡族都效忠一位世代傳承的『女卜師』（a woman, Potsoo），據說她曾在台灣府附近山區召開

部落會議」。

　　郇和的「業餘專業」興趣──動物與原住民族，尤其是鳥類方面，發現了226鳥種，包括台灣畫眉、白耳畫眉、藪鳥、藍腹鷴（山雞）、台灣山鷓鴣（深山竹雞）5種特有鳥種，造就他在台灣博物史的地位，迄今仍有許多鳥獸學名冠上他的名字，一生至少發表過52篇有關台灣的文章。他開風氣之先，引起更多探險家對福爾摩沙產生興趣，紛紛來到他們口中的「未開發天堂」，從事各種採擷、發現與探險，為我們留下更多的「老台灣」記憶。達飛聲稱：「沒有任何外國人，能像已過世的郇和那樣，將他的名字如此緊密的與福爾摩沙連在一起」，英國動物學會主席施克雷特（P. L. Sclater）稱讚郇和：「他是最努力，也是成就最高的『探險型』博物學家（exploring naturalists）之一。」

（二）台灣烏龍茶之父「三腳仔」德約翰（John Dodd）

生平

　　德約翰（1838-1907卒）文獻上另載有：突得來、突來德、力絨士，譯名陶德，蘇格蘭人，1860年首度訪台，1864年再度來台調查樟腦、茶葉市場，擔任顛地洋行（Dent & Co.）代理人。1867年顛地洋行倒閉後，承襲該行在清國及香港的中文商號名「寶順洋行」，自創在北台灣的寶順洋行，同年5月起兼任怡和洋行（Jardine, Matheson & Co.）駐淡水代理人。1866年（同治五年），由福建安溪引進烏龍茶苗；1867年試銷台茶到澳門，受市場歡迎，乃在艋舺（萬華）設茶工廠，為台灣精製茶之濫觴，曾在艋舺租屋準備作為洋行行館，但遭官方、角頭刁難，翌年發生該行2位洋員遭攻擊、受重傷而作罷。1868年將台茶直接運到美國檢驗並試銷。1869年在大稻埕另設寶順分行，仍保留淡水、基隆行館，後另在廈門、上海也設有分行；同年用兩艘帆船運載20萬3千磅（2,131擔）精製茶銷往紐約，品質極佳，備受歡迎，引起其他洋行、台商、廈門茶商競相投入，開啟大稻埕茶香歲月，造就李春生之類買辦（compradore）與媽振館（Merchant）的興起，也使大稻埕成了洋行集中地。1868-94年間，台茶成了

外銷最大宗，約佔全台出口總值的54%，北部出口的90%。

德約翰在台前後２７年（1864-1890），因故受傷、拄拐杖，加上曾被誤為私通法軍的「台奸」，綽號「三腳仔」。1890年3月3日離台返英，行前贈送一口沈船舊鐘給牛津學堂，上刻「1840, Quintin Leith」，現存台灣神學院，據說仍堪使用。之後是否曾再來台？不詳。資料顯示，1895年初寶順洋行仍存在，不過翌年德約翰已不在洋商名單中。

除烏龍茶、樟腦、鴉片、保險等生理，他也是首位開發台灣

▲筆者的德約翰（陶德）演講海報

石油的洋商。曾出版清法戰爭期間法艦封鎖台灣的日記*Journal of a Blockaded Resident in North Formosa, During the Franco-Chinese War, 1884～5*（筆者曾先後譯註為《北台封鎖記》、《泡茶走西仔反》），另發表多篇涉台文章。德國歷史學家、《台灣之歷史》（Geschite Formosa's bis Anfang）作者沃斯（Albrecht Wirth）稱讚德約翰為「一位傑出的科學家、勤勞的觀察者」（an excellent scientist and painstaking observer）。

見聞

德約翰是開發台灣石油的先趨，1865年發現苗栗貓裏溪頭內山（公館鄉出磺坑附近）產石油，每年以千餘圓向客籍通事邱苟租得採油權，引起原吳姓租

戶不滿，連年互控、集眾械鬥。1870年3月淡水廳逮捕邱苟，以邱曾勾引「生番」殺人老案，就地正法，中斷了德約翰成為「台灣石油大王」的美夢；卻讓他的名字標在英、法軍事地圖上，雪山主峰西南邊的山脈（可能是小雪山、中雪山、大雪山連成的山脈）被命名為「德約翰山脈」（Dodd's Range）。

開發石油讓他差點成為「台灣女婿」。自稱油井區東邊部落老頭目認為他不留辮子，頭髮又是黑色、體型與原住民相仿，應是來自遙遠部落的同種族，想將孫女嫁給他，但要求必須剃掉鬍鬚。曾任職淡水英國領事館、「滇案」受害者馬加理（Augustus Margary）透露，「德約翰常深入山區，有時一住好幾個月。有次酋長想將女兒嫁給他，嚇得他連夜落跑下山！」

雖無緣成為「番駙馬」，但他對親切、謙遜、行為端莊、任勞任怨的原住民女子有好印象，認為她們是好妻子，但更像奴隸，須負擔家庭所有勞動，10多歲貌美似花，不滿30即已滿臉皺紋，猶如老婦。因此，昔日「台灣牛、澎湖查某（女人）」的說法，或也可稱為「台灣牛、澎湖與原住民女」。根據德約翰的觀察，山區漢裔墾民，尤其是煉製樟腦的腦丁有很多人迎娶原住民婦女，部份生活在山區的農夫也有迎娶原住民女的情形。嫁與漢人的原住民婦女就成了漢、原衝突的緩衝器和溝通者。

他常深入山區，與許多部落友好，曾參加大型圍獵，對於「輪廓類似歐洲人，有些帶著猶太人容貌」的北泰雅族瞭解甚深，對原住民如何對抗漢人「天敵」描寫深入。

1868年6月-1874年5月、1877年夏-1886年，德約翰曾2度代理美國駐淡水榮譽領事（清國官方稱其為副領事）。淡水鼻仔頭實順洋行（今空軍氣象聯隊營區內）兼為美國駐台榮譽領事館，1871年訪台的萬利（Edward Greey）曾素描該行懸掛的美國國旗；1878年3月20日起實順行上空再度飄揚美國國旗。1877-1878年，2位來台鑽挖石油、曾拜訪過德約翰的美國油匠簡時（A. Port Karns）及絡克（Robert D. Locke），也於1878年5月30日在苗栗出磺坑升起美國國旗。

　　曾受邀參加1873年德約翰聖誕餐會的史蒂瑞，對實順洋行及洋人生活情形有第一手描述：

　　「德約翰宴請馬偕及其他當地洋人，我也沾光作陪。我們搭船逆流而上赴宴，碼頭與庭園亮滿漢式燈籠。一進屋內，餐桌擺滿英國罐裝葡萄乾製成的布丁、從香港運來的冷凍牛肉烹調成的烤牛肉及火雞等美食。身穿白袍、垂掛黑髮辮的僕人靜靜地環繞伺候，真是場賓至如歸的派對！」飯後，眾人幾杯威士忌下肚，敞開喉嚨大唱英國歌曲，「從僕人的表情看來，或許他們正想著『這些洋鬼子平常裝模作樣，現在終於露出馬腳，真是有夠番（savages）』。不過，漢人長久以來拘泥形式、進退有據的教養，似乎已改變他們的赤子之心，以至於很少有放浪形骸的時候。」

　　這與德約翰在清法戰爭封鎖期，1884年慘澹的耶誕節有如天壤之別，德約翰哀怨地寫道，「佳節將屆，想死了紅醋栗、葡萄乾、香櫞、杏仁果的味道。半路出家的麵包師勤翻食譜，想為大家做出可口的聖誕布丁、碎肉餡餅。……希望法國當局可憐可憐我們這些節衣縮食、無辜的洋老百姓，高抬貴手，至少讓大家過個快樂的聖誕節總可以吧？無奈，又得四處告貸，東借一罐啤酒，西乞一瓶雪莉，加上麵粉、餅乾、芥末、辣椒、鹽巴等等，連特權暴發戶桌上殘留的麵包屑，在我們眼中也如人間美食。但告貸終有限度，苦撐一、二週後，又得勒緊褲帶。」

（三）台灣早期歷史權威甘為霖牧師（Rev. William Campbell）

生平

　　甘為霖（1841-1921卒），蘇格蘭人，1871年12月10日抵打狗，是繼李麻牧師之後，第二位英國基督長老教會牧師，服務至1917年2月，近46年，畢生精華奉獻給「第二故鄉」台灣。

　　他致力中南部教區的開拓，足跡遍及各地，是首位造訪中部泰雅族、賽德克族的牧師，多次幾乎喪命，卻保留已消失部落口傳歷史的第一手記載，並替

大英博物館（the British Museum）
蒐集了至少294種植物。

他深憐視障者，印製多本「布
雷爾點字」（Braille dot-system）
書籍供盲胞閱讀。1891年10月，在
台南洪公祠創辦「訓瞽堂」盲校，
曾幫助幾位優秀盲生進入公立東京
盲人學校就讀，行前舉辦一場慈善
音樂會，為出國的盲生籌措4、5年
費用。

他在南部與北部的馬偕齊名，
深受信徒喜愛，對教會文史的研究
更蜚聲國際；他開拓荷治時期台灣
史研究領域，迄目前仍是權威者之
一。較為人知的有：

▲甘為霖牧師（《Sketches from Formosa》）

(1) *An Account of Mission Success in Formosa*（《台灣佈教之成功》，1889）；

(2) *Formosa Under the Dutch*（《荷治時期的福爾摩沙》，1903）；

(3) *A Dictionary of the Amoy Vernacular*（《廈門音新字典》，1913）；

(4) *Sketches from Formosa*（《台灣隨筆》，1915）。

尚有多篇為視障者編寫的讀物，以及涉台文章，將他的名字與心血永遠烙
印在福爾摩沙土地上。達飛聲讚其為「台灣史權威」。

見聞

1873年5月中旬，泰雅亞族眉原社（南投仁愛鄉新生村）大頭目阿銳克（A-rek）感染熱病，使得在埔里社傳教的甘牧師有機會成為深入該社的首位西方

人，另到附近7社行醫傳教，記載了該社群的住屋、紋面習俗、嘴琴樂器。

對於出草馘首，他認為真情、純潔、誠實的泰雅族，卻視敵人的生命如草芥，殊為可惜，「獵取人頭似乎已成為部落抵抗漢人侵蝕的信念與傳統，也成為勇敢的標誌、慶典的貢品，以及暢飲小米酒的酒杯。」

「我個人確信許多霧番部落是食人族。在某些情況下，土著會將腦漿熬煮成果凍狀，再製成小餅乾，他們相信吃了這些東西，不但圓滿地完成勝利的儀式，而且可激勵更多的流血出草。」

甘為霖為何如此斷言？那是有次他在山區撿獲一個裝人頭的馘首袋，內有兩片長方形、人腦腦髓熬製成的小餅乾，好學不倦的他將之寄送柏林皇家民族學博物館（the Imperial Ethnographical Museum at Berlin）保存，以換取該館提供歐洲最新發行、涉台參考書刊。德約翰也稱，「原住民煮熟有仇漢人的頭，吃其燉腦洩恨，據說比燉爛的嬰兒肉好吃。」

至於平埔人及漢人呢？甘為霖曾在埔里守城份（Chiu-sia-hun，牛眠里東方）發現一群可能是巴宰族的兒童，手拿狀似帶骨牛排大快朵頤，經過盤問，他衝進附近民屋，發現一婦女正烹煮兩具殘缺不全的「生番」屍體，其餘屍肉已被村民分而食之。牧師表達他的深惡痛絕，婦女也生氣地反唇道：「為什麼不能吃？他們砍了我丈夫的頭，砍了我姪兒的頭，這樣對待他們恰如其分！」馬偕牧師與達飛聲也曾述及漢人「吃生番肉」情形。顯然「吃人肉」不是山區原住民的專利。

甘為霖雖對泰雅婦女黥面不以為然，但發現所有下田、織布，以及卑賤的家務苦工，都由任勞任怨的女性負擔。

原住民懼怕靈魂「被紙、筆沒收」，有次他想增進傳教效果，拿出紙、筆書寫，「土著乍見，顯露驚嚇表情，認為這可能會傷害他們。我一再解釋，但他們似乎仍露駭意，只好把筆記本收起來」。

眉原社之行後，五月中下旬甘為霖離開埔里社，在邵族水社（Tsui-sia）停留約一週，宣稱自己是第一位到訪該地的歐洲人，把當時的水社湖、現在的日

月潭命名為「干治士湖」（Lake Candidius），以紀念荷治時代首位駐台牧師干治士（Georgeius Candidius）。

1874年「牡丹社事件」結束不久，牧師有次途經牡丹社（Baw-tan），莫名其妙地被請到該社作客，當時酒宴剛畢，有人已醉倒酣睡，尚清醒者起身與牧師握手、擁抱。冷不防有位赤條條醉漢一躍而起，朝牧師放了一槍，子彈從他耳邊飛過，甘為霖不禁向頭目抱怨此非待客之道，建議應好好管束部下。頭目馬上拿出一張大型鹿皮鋪在地上供牧師過夜，並答應當晚陪睡以策安全。隔天晚上，牧師在另個小部落過夜，睡在竹床上，整夜輾轉難眠。一早醒來，發現全身斑駁，宛如被膠鞋踹過一般，牧師嚇得喃喃自語，「我一定是得天花了！」他向一位宿醉、淚流滿臉的老者訴苦，沒想到老者不發一語，只笑指床鋪，牧師這才發現竹床縫隙竟然佈滿「清國百萬大軍」（China's millions）。牧師未言明「跳蚤」，不過他用這個隱喻，生動地刻畫「開山撫番」蜂擁而至的漢移民。

1875年初，甘為霖在白水溪（台南市白河區仙草里）與店仔口（白河區）土豪吳志高對抗，幾乎喪命，過程高潮迭起，不輸好萊塢電影情節：

「我從床上跳起，發覺寢室已經失火；從窗戶竹欄縫隙望出去，看見一群面目猙獰的無賴正向教堂及我們住處屋頂縱火。任何人一眼就知道，這又是吳志高（Gaw-chi-ko）黨羽的恐怖傑作。……我誤以為暴徒不敢稍存攻擊外國人的想法，試圖從中堂大門走出，立刻被刺過來的長矛逼回，……我高叫：『別逼人太甚，不然英國領事會找你們算帳！』換來的又是一輪刀矛交加。……教堂頓時陷入一片火海，而邪惡的暴徒個個高舉刀矛，等我現身，一副決心致我於死地的態勢。……我幾乎瀕臨絕望，喃喃呻吟道『上帝與我同在』，就做最後一次突圍，……我只穿著睡衣，跳出門外，爬過左邊土堤，穿過上邊一道多刺籬笆，嚴重刮傷，跌進下方池塘。在極冷的夜晚，半暈半醒地橫躺那裡約一、二分鐘，不停發抖。……我曲身潛行，躡手躡腳地慢慢移往隔壁一座丘陵山腰，藏身那裡，直到撤退號聲響起，全體幫眾朝店仔口撤離為止。」

甘牧師常外出旅行,「吃」是個大問題,幸好有廚子實財隨行,變出多種奇珍異味,讓牧師「飽受」驚嚇。有次在荒村過夜,一早醒來,實財已備妥香噴噴的早餐,牧師吃畢盛讚兔肉湯真可口;實財說那不是兔子,而且明早還有另一隻可吃。牧師要他拿出來瞧瞧,不多久實財端出一隻大老鼠,差點讓牧師昏倒。實財試圖平息牧師的反感,說牠們是吃穀物長大的「好老鼠」。牧師只好說下不為例,否則開除。還有一次,甘牧師與德馬太醫師(Dr. Matthew Dickson)到牛睏山(Gu-khun-soa,埔里鎮牛眠里)視察教會,大快朵頤實財準備的肉湯及米飯,牧師突然發現有隻狀似嬰兒的手掌浮出湯面,急呼廚子盤問,實財端出猴頭與猴毛,「這裡的信徒知道您們要來,特地出獵,本想獵鹿,沒想到上帝眷顧,打到了4隻大猴子,給我們1隻,他們自留3隻吃。」當時猴子不是保育動物,不巧的是,牧師前幾天剛閱讀了達爾文的《物種起源》(*Darwin's Origin of Species*),內載「人類和猴子有親密的關係」,這種聯想讓牧師有點反胃。牧師眼中忠厚老實、和藹可親的實財最後因暗槓食物遭辭退。「他買整隻山羊,怪的是我老是只吃到2隻腿,最多不超過3隻。」牧師常納悶,有次趁實財外出,檢查廚房,這才發現好料都成為實財的宵夜了。

(四)神槍手「竹竿」史蒂瑞(Joseph Beal Steere)

生平

史蒂瑞(1842-1940),1870-75年間在伯父及密西根州立博物館(State Museum of Michigan)資助下,以密西根安阿伯大學博物館(Natural History Museum of University of Michigan in Ann Arbor)研究員身分,遠赴巴西、厄瓜多爾、秘魯、清國大陸及台灣、菲律賓、印尼、馬來西亞等地採集博物。途經香港時,為等待家書及與學校取得聯繫之便,臨時決定撥出半年時間,一探當時在外人眼中仍是神秘島嶼的台灣。1873年10月3日至1874年3月31日來台長達半年之久,走訪邵、巴宰、賽德克(泰雅)、西拉雅、排灣五族;另到淡水、基隆、澎湖群島採集海貝、珊瑚、魚類;他身高約6呎4吋(193公分),每到各

地總遭圍觀。

他在世時只發表過三篇有關台灣的文章，絕大部分涉台手稿 Formosa and Its Inhabitants（《福爾摩莎及其住民》），直到近130年後才意外被發現，2002年底在台灣出版，為後人留下當時族群生活、社會文化、交通狀況、土地分配、早期台美直接貿易等珍貴資料，並記錄逐漸消失的五族語言。他有悲天憫人的胸懷、生動且圖像化的描寫，每個小故事、小遭遇，總能透露深沉的涵義。他可能是短期來台研究者，停留最久、收穫最豐者，意外來台半年，不但留下珍貴、詳實的史料，且發現台灣特有鳥種—

▲史蒂瑞（《Formosa and Its Inhabitants》）

藪鳥，採集了29件新港文書、58種蕨類、80種蛇類、無數海貝，以及數目不詳的原住民器物。

1875年他結束長達5年的海外行程，同年獲榮譽博士，擔任密西根大學助理教授兼博物館館長，1879年升教授（full professor），1894年退休，定居安阿伯，過著耕讀的恬靜生活。享年虛歲99。

見聞

1873年10月5日，史蒂瑞搭乘海龍號（*Hailoong*）從淡水繞抵打狗，打聽到甘為霖牧師正準備赴中部內山探訪教友，立刻加入，同行的還有英國駐打狗領事翻譯官布勒克（T. L. Bullock）。10月14日，3人加上10位僕役、苦力、轎夫

從府城出發，沿途遭漢人指指點點，高呼「哇，番啊！」（goa, whan na！）下榻的客棧緊鄰豬圈，瀰漫鴉片臭味，又有「成群結隊而來、強索夜度資的跳蚤的攻擊」。

18日，終於抵達干治士湖，探訪水社邵族。史氏記錄了邵族的蟒甲舟、族群特性，以及男童優美的歌聲，發現大部分的土地已拿來交換漢人的酒等物品，還向後者借錢，因此須幫忙耕田、割稻還債；還說邵人雖知足，但從老頭目白大霧（Pai-ta-buk）以降，都是「乞討大師」（great beggars），搞得他們不得安寧。

23日來到埔里烏牛欄社（愛蘭），迎向前來握手、道「平安」的是熱情、純樸、長得很像白種人的巴宰族基督徒。稍後，11月中下旬史蒂瑞探訪巴宰大社（台中市神岡區）及內社（苗栗三義鄉鯉魚村），發現這些被漢人稱為「熟番」（Sek-whan）的巴宰族，已習得漢人的耕種方式，衣著大致像漢人，男人蓄留髮辮，婦女則不綁小腳；不過討厭把他們趕出家園，使其負債累累的漢人。他們仍使用巴宰語，音感十足，很容易就學會歐洲歌曲，也保存許多本族音樂，還把聖歌編入民謠吟唱。傳教士在巴宰族村社成立了幾所學校，很多兒童已會說寫羅馬字母拼音的白話。

停留埔里期間，他們在11月6-8日探訪東方的賽德克族霧社群「霧番」部落東眼社（仁愛鄉南豐村南山溪），史氏記載該社的語言、建築、人頭骨架、服飾、樂器、紋面，發現「此地的語言與熟番很接近」。由於當時巴宰族與「霧番」因交易起衝突，他們被誤為是來替巴宰族報復的，回途被50多位泰雅戰士跟蹤，差點喪命，史氏寫道，「走在最前面的甘先生手撐結實的胡桃木杖，那是他維持牧師尊嚴僅容許的武器。」土著一度包圍，準備攻擊，史氏與布勒克的槍都已上腔，牧師竟然要他們切勿開槍，還說「殺害任何土著是件可怕之事，我寧可不抵抗，讓他們砍掉我們的頭！」最後史氏露了兩手，射落飛過頭上的烏鴉，並射穿12碼外的6片樹葉，這才嚇退追殺者。

隔年1月上旬，他就是以這把「神槍退敵」的左輪手槍，與西拉雅族崗仔林

（台南市左鎮區岡林里）的平埔頭目（可能是李順義）換了至少29件「新港文書」——當時的廢紙，現在的國寶，目前存於密大博物館。根據史氏的紀錄，西拉雅亞族（Siraya）原住府城附近，後來遭漢族鯨吞蠶食、被迫遷移東方山區，目前還欠一屁股債。他們長相好看，但與漢族已有通婚關係。男人的衣飾與漢人一樣，女人仍維持傳統服飾。除了少數老人會說一些西拉雅語，一般人已不使用母語了。已大致放棄曾熱愛過的漁獵生活，像漢人一樣仰賴農耕維生。基督教長老會的到來，大部分西拉雅人成為基督徒。他們就像其他先住民族一樣，喜愛音樂，不但會唱自己的民謠，而且很快學會聖歌。

1874年3月中旬史蒂瑞赴萬金庄（屏東萬巒鄉萬金村），遇到同屬西拉雅族的馬卡道亞族，發現他們生活也很貧困，負債情形相當嚴重。生活習慣已十分漢化，男人體格壯碩，許多人長得挺高的，髮型似客家人般剃頭、辮髮，戴漢式斗笠，女人則在斗笠綴上玻璃、流蘇作裝飾。語言與崗仔林略有差異。

3月20-21日，史氏冒險深入排彎族筏灣社群射鹿、高燕（巴達煙）兩社（瑪家鄉排灣村），記錄其語言、體型、禁忌、紋身、養蜂文化、少年會所、買賣婚姻習俗等。3月31日，他從打狗搭海龍號離台。留下令人讚嘆的著作與豐碩文物。

倍勇斯基伯爵東台灣奇幻之旅

　　1771年曾來台灣東岸探險的倍勇斯基伯爵（Count de Benyowsky, 匈牙利文稱Maurice Benyovszky）根據他故鄉教會史料，出生於1746年9月20日，卒於1786年5月23日，出生地位於匈牙利哈布斯堡王朝（Habsburg）統治的斯洛伐克地區貴族世家，源自匈牙利、波蘭及斯洛伐克祖先，換句話說，他有匈奴、斯拉夫血統，曾在奧地利軍隊服務數年，為了學習航海到過荷蘭、英國遊歷；1768-1769年加入波蘭反抗俄國的戰爭，先是擔任騎兵指揮官，後來出任後勤將領，最後被俘，1770年流放堪察加半島。[1]他在那裡與幾位放逐者結合，1771年5月11日，劫持一艘「聖彼耶・聖保羅號」（*Saint-Pierre et le Saint-paul*）三桅軍艦，與其他96人逃亡成功，航經千島群島、日本、琉球群島，同年（乾隆卅六年）8月27日至9月14日停留福爾摩沙、[2]再航往澳門，1772年1月22日在澳門附近Tigu搭上法國船海豚號（*Dauphin*）及拉佛笛號（*Laverdi*）；3月16日抵達法蘭西島（isle of France, 今模里西斯島），前後停留20天；4月12日抵達馬達加斯加島，停留3天；繞過好望角，1772年8月8日抵達法國東北的香檳城（Champagne）。[3]

1　2013年4月20日上網http://www.angelfire.com/mi4/polcrt/MABeniowski.htm "Maurycy August Beniowski (as he was known in Poland)"與維基https://en.wikipedia.org/wiki/Maurice_Benyovszky。

2　根據倍勇斯基的回憶錄，他們於8月27日至9月12日在台；一般都解讀成8月26日至9月12日停留台灣；筆者根據原著逐日推敲，倍氏從9月1日起明顯的誤算、慢了2天，所以應是8月27日抵台、9月14日離台。詳後述考證。

3　Pasfield Oliver, *Memoirs and Travels of Mauritius Augustus, Count de Benyowsky*, pp. 452-455.

倍勇斯基伯爵（Count de Benyowsky）留下法文書寫的日記，1786卒，1790年William Nicholson翻譯、出版了他的英文回憶錄《倍勇斯基伯爵旅行記與回憶錄》（*Memoirs and Travels of Mauritius Augustus, Count de Benyowsky*），但只寫到1772年8月返抵法國，12月接受法國在馬達加斯加島建立殖民地的

▲1771年走訪東岸的倍勇斯基伯爵（W. Nicholson, 1790）

任命，少了最後14年精采的生涯敘述，1790年英文版係最早的印刷版本，另有德、法、荷蘭、瑞典、波蘭、斯洛伐克、匈牙利文版本。因經層層轉譯，寫法有不同之處。1892年Pasfield Oliver再整理英文版本出版。

　　法國政府運用他的才幹，任命他到馬達加斯加島（Madagascar）建立殖民地；不過法國國王路易十五世並未答應他提出的福爾摩沙殖民計畫——「提供三艘軍艦、士兵及海軍、武器彈藥、120萬法國銀幣（livres）的貨物、18個月糧食；1,200名各類工匠；允許他在開發的前3年，每年招募400人員、每年送200位男女孤兒到台島；他則分3年先還利息，第4年還清所有借貸款項本金，視情況繳納年供」。由於法國當局答應提供和他草擬的福爾摩沙島開發計畫類似的條件，於是他接受這項任務，1774年2月履新，經過3年的努力，終於達成交付任務。但法國當局企圖將該島納入直接管轄地，與他所希望的附庸國地位，

▲1898年版的封面

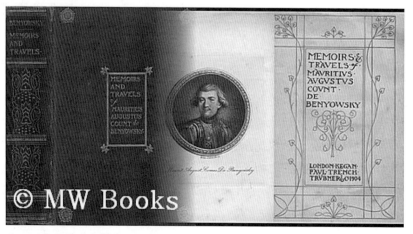

▲1904年版封面與封底

以及他與島上酋長簽訂允許他們獨立的條約相左,他乃單方面宣稱終止與法國政府的雇庸關係。1776年10月他被幾位交情不錯的酋長推舉為國王,1782年離開馬達加斯加島赴歐洲,代表該島與歐洲國家政府簽署商業條約,甚至達成同盟的可能性,1782年向奧地利國王約瑟二世(Joseph II)提出,1783年向英國政府提議,1784年到美國奔走,但都沒下文;不過獲得了倫敦一些私人團體及美國巴的摩爾一家公司的贊助。1784年他將妻子Zuzanna(1750-1825)留在美國,第三度前往馬達加斯加,1785年抵達後立即向法國開戰,1786年死於島東一場戰役。

以下是根據英文版《倍勇斯基伯爵旅行記與回憶錄》所載探險台灣的經過,加上筆者的考據加以修正。

1771年8月27日,他們抵達北緯23度32分東海岸附近的海面。當時倍勇斯基如此記載:「北緯23度22分,[4]經度325度,吹起強烈東風、海潮從南方向北流,航向朝西、偏南四分之一。8月26日,星期五,約下午3點,我們降下所有桅帆,只留後桅縱帆。〔下午〕六點傾盆大雨使得風勢減輕、改成吹東北方向。約在27日凌晨3點,我被發現陸地的吼聲吵醒。大家手忙腳亂的捲收縱帆,才將船首轉向南方,然後在18噚(fathoms)深的岸邊拋錨,[5]海底盡是珊瑚礁。破曉時刻,發現船停在一座小島礁(rock)南邊,而福爾摩沙島高山就在眼前。我立刻下令起錨,大角度地繞航過小島北邊,朝岸邊行駛,在一處開闊的海灣,約14噚深、下有淺綠砂石的地方停泊。」

---

4 依據不同版本緯度如下:18世紀Nicholson及19世紀Oliver(p. 396);甘為霖(p. 518)的英文版都是北緯23度22分(在台東長濱鄉三間村沿海);法文版(Imbault-Huart, 頁49)北緯23度32分(花蓮豐濱鄉豐濱村一軒家);德文版(Wirth, 頁46-47)有23度18分(長濱鄉長濱村南邊加走灣)或23度32分之說法,Wirth傾向於後者稍北的地方。如依據原始資料為法文,德文版亦出現23度32分,那麼正確的緯度似應為23度32分附近。

5 由這段描述來看,此地已不是註4提到的三種緯度版本之一;而是在附近。1噚=6.08呎=1.853184公尺。

他們在14噚深處下錨，
上午4點整，派庫茲聶佐
（Kuzneczow）與彎布辣氏
（Wynbladth）率領二艘小船及
16人上岸，上午9點30分回船，
其中3人受傷，還帶回5位阿美
族土著，後者有2位重傷。庫茲
聶佐報告整個經過：他們發現
該處是個良港，測量水深由8噚
漸至3噚；上了岸，發現火堆
旁有2男1女土著，遂向島民討
吃。他們被帶到一處村社，吃
到了烤豬肉、米飯、檸檬、橘
子。土著看起來沉默寡言，但
因為有武裝村民在集結，軍官
深覺不妙、走為上策，以免遭
人藉故生端。於是給了土著幾
把刀當禮物，即率隊回船，還

▲1771年貝勇斯基行抵東岸（W. Nicholson,
《Memoirs and Travels of Mauritius Augustus,
Count de Benyowsky, 1790》）

沒到海邊就遭受背後射來的飛矢攻擊，因此3人受傷；軍官下令以排槍反擊，射
倒6名土著，嚇退了其他來襲者。但土著再度集結攻擊即將上船的不速之客，遭
到小船上的加農砲猛轟，以及船員的反擊，最後至少留下60具死屍，以及5位俘
虜。

　　接獲這件凶耗，伯爵本想離開該地，但他的同伴不願善罷甘休，堅持上岸
報復。當天，伯爵將船航靠離岸100噚（185.314公尺）處，北緯23度28分一條
溪流出海口的港灣大港口，[6]命令28人登陸。他們才上岸立即碰到無武裝的50位

6　當時就有人指出Benyowsky不是航海家，對經緯度的描述誤差很大，對潮流的觀察也
　　有問題。如是北緯23度18分，此處可能是石門溪口（23度16分）；如在23度22分，

採收柴薪土著，後者見對方來勢洶洶迅速趴伏在地表示臣服，這個動作平息了船員的戒心及怒氣，於是其中22名船員不顧軍官的勸阻進入村中；但由於調戲婦女，又遭土著攻擊逐出村社，有些甚至來不及穿上衣服，帶著箭傷赤裸裸地逃出來。倍勇斯基不得不帶著15名援兵上岸支援，稍後庫茲聶佐又帶20人手上岸協助圍剿，將土著趕離村落，殺了200名以上的土著，還放火燒村，帶走繳獲的7條小船。

這些探險者滿意報復的結果，不想再逗留該地，要求另找一處停泊，於是起錨順著微風及北流海水，沿著海岸向北航行。伯爵發現船舶始終隨著海流蜿蜒於海岸，遇到凹入缺口則漂近海岸，遇到前有岸礁則又搖晃出海，黑潮海流使得船舶永遠離岸邊一定的距離，免除可能觸礁的擔心，即便風力不大、操舵困難。如此沿著海岸航行不遠，8月28日，星期天，破曉時刻，到達一處小海灣，潮流使得船隻不易駛入，於是停在26噚深的外港。約上午8點，風勢揚起，正待入港，發現二艘獨木舟從遠處划近。上午10點獨木舟靠到船邊，上有一人以西班牙話高叫「閣下」（Signor），[7]他們由二艘土著小船導引進入一個水深3噚的美麗港口，灣靠在南邊海岸，伯爵稱該地為模里斯港（Port Maurice）；但他沒有留下正確位置、地名。

原著兩處港口地點都出現空白，Oliver（p. 401）認為係謄寫者留下空白，伯爵忘了補上去。甘為霖書則將空白略去，所以看不出來。空白的原因或如Oliver所稱；但筆者以為較可能係因推銷計畫時，伯爵不願外界知道二處地名，而保留的「業務機密」。Wirth（頁46-47）認為第一次登陸：「該處必定是在Lattan（按馬太鞍，今光復鄉附近）之北少許」；第二次登陸地似指大港口：「再向『南行』幾小時，到了很好的港灣，在奇萊之南約45公里，依據伯爵自傳所附

應為水母丁溪河口（23度24分）；如係23度32分，可為23度36分的八里灣溪口——豐濱，或是23度28分的秀姑巒溪出海處大港口（豐濱鄉港口村）。三處只有大港口形成海灣狀，可供灣靠船舶，筆者以為似在大港口。

7　Oliver, pp. 400-401；甘為霖（William Campbell），*Formosa under the Dutch*, p. 520。書中並未提距離，不過他們大約在27日下午離開上一港口，28日破曉抵達第二港，航行時間超過12小時以上，距離顯然不短。

銅版圖，即是Lattan附近很好的實景」，與法文版、英文版「離開後北航」的說法不同。Wirth望圖生義，如參照Imbault-Huart（p.50），Davidson（p. 88）所附銅版圖，第二次登陸地可為東岸任何港口的實景。不過總比伊能嘉矩《臺灣文化志》，認為第二次在貢寮鄉澳底上岸，要好太多了。

許多船隻馬上靠攏過來，帶著家禽、豬仔、米、水果等物，與船員交換飾針、鐵針及其他小物品。28日當天約下午3點，以一名歐洲人為首的一群人來到船邊，那歐洲人戴著鑲有花邊的帽子，腰際佩掛一把大刀，長統布襪，自製的鞋子，呈現一半歐式、一半在地式裝扮，自稱是來自馬尼拉的西班牙人，因為失手殺死與妻子有姦情的道明會神父，和6位奴僕逃亡來此已經7、8年，之前曾在呂宋島西南方的甲米地港（port of Cavite）當船長，名叫希洛米洛‧巴青哥先生（Don Hieronimo Pacheco），他說已贏得附近幾個部落的信心，保證港口的部落是世界上最善良的種族，而且因為伯爵「教訓」前一部落的消息已經傳到這裡，那部落是這個部落的敵人，所以對伯爵感激萬分。

前不久攻打的部落地名也出現空白：理由可能如筆者揣測的「業務機密」。甘為霖（p. 521）自作主張地補上"fighting"。不過「已傳到第二地」，表示距離不遠，提供解讀第二處港口的線索。可能之地點有二處：(1)消息傳得到、帆船微風航行12-15小時，抵達之地可能為花蓮溪口、吉安鄉仁和村附近。但是這無法解釋當時勢力尚未涵蓋東岸的清官方或漢人通事，怎麼可能介入當地事務。(2)根據稍後描繪情形，以及1634年西班牙軍隊、傳教士曾經到過蘇澳，設立據點教會，稱作San Lorenzo的蘇澳港是最可能之處，這也許是巴青哥選定落腳處之因。筆者較傾向是在蘇澳港。

為了結交巴青哥，並使其首肯當他的翻譯，倍勇斯基贈送巴青哥一整套衣服，幾件襯衫、一把鋒利軍刀等貴重禮物，還答應假使在停留期間如能忠實的為他服務，還會送他軍火及其他物品。但是這群探險者似乎註定麻煩不斷，隔天早上取水時，又遭受土著的攻擊。

8月29日，星期一早上8點，伯爵最要好的朋友、俄國籍的巴諾（Panow）帶著12人上岸；取水的地方在附近小溪，雖然巴青哥警告過，要小心那地方對港口部落懷有敵意的土著，因為取水者遲遲未歸，派庫茲聶佐帶8人上岸前去

瞭解，下午2點帶回死傷慘重的取水者，內有巴諾、約翰・駱基諾（John Logi-now）、約翰・坡波（John Popow）3名受害者、其他都受箭傷。當天下午埋葬了死者，倍勇斯基下令發放21響禮砲誌哀。這次21響禮砲發放是東岸、也可能是台灣第一次有紀錄的21響禮砲。

如果地點在蘇澳，那麼懷著敵意的土著可能是住在蘇澳溪上游的泰雅族。而住在港口南岸南風澳（南方澳）是否為馬淵東一（1931年）認為的猴猴族：「300年前該族移居宜蘭地區」。康熙五十六年（1717年）周鍾瑄修的《諸羅縣志》、乾隆二十九年（1764年）余文儀《續修台灣府志》，早有「猴猴社」記載；道光元年（1821年）姚瑩《東槎記略》詳載「猴猴社人口一百二十四」；道光十七年柯培元的《噶瑪蘭志略》載：「嘉慶十八年（1813年）……將各社番埔……逐一丈量甲數，繪圖造冊……如……高高（即猴猴田寮）」；因此安倍明義，《臺灣地名研究》（1938年），「該社約於1838年遷至南風澳西北四公里處的猴猴高地，後轉至蘇澳鎮猴猴平地」的說法顯然錯誤。倍勇斯基碰到的可能即是後來噶瑪蘭化、目前漢化的猴猴族。

巴青哥及他的土著友人決心替3名死者報仇，船員也群情憤怒，他的同伴居然先殺3位俘虜出氣。此時又有敵對土著駕著獨木舟來攻擊他們，是可忍孰不可忍，船員紛紛跳上小船反擊，又殺了13人，把其他擄獲的來襲者吊在大船的帆桁臂（yard-arm）上端。伯爵認為殺戮已夠，應該就此打住，不過同夥仍不甘心，倍勇斯基只好同意，而「為避免同伴蒙受無謂的犧牲」，他被迫親自指導作戰計畫。一但他下定決心，他的同伴下手毫不留情。8月30日，星期二清晨4點，46名船員上岸，會同巴青哥帶來的200名土著，進入內地進行報復，倍勇斯基則留在駛近河口的船上。約6點45分槍聲大作，拂曉攻擊開始，不久敵對部落被趕到一座陡峭的山上，一邊有聖彼耶・聖保羅號發砲轟擊，另一邊有西班牙人及船員壓迫過來，可憐而絕望的敵對土著只有趴伏在地求饒。倍勇斯基下令停止屠殺，否則將砲擊抗命的己方人員，於是同夥才停止殺戮，清點戰場，已有1,156名土著被殺，其中還有許多為保鄉衛土和男人一樣拿起武器的女人屍體。俘虜了643人，全數交給西班牙人及友善土著發落，伯爵只蒐集其武器。船員有11人受傷，他們放火燒了該村社以資洩恨。

　　大屠殺事件過後，當天伯爵提出准其「在岸上建立營地」的要求，巴青哥不但欣然同意，下午3點還帶來500名土著動手興建幾座茅屋以供接待外國盟友。幾座茅屋於傍晚先行建好，倍勇斯基帶著受傷船員、隨行幾位婦女，以及16名警衛上岸住進茅屋。

　　8月31日，星期三黎明，巴青哥介紹他的家人及朋友給伯爵認識，並稱此地有個叫花寶（Huapo）的大頭人，想親自前來感謝伯爵痛逞和他敵對的2個部落。伯爵聽說住在內陸30哩（約48.3公里）地的花寶擁有2萬到2萬5千名戰士，仍常受漢人及與漢人有同盟關係部落的鳥氣；花寶領土的中央部分相當文明，位於整個島西的部分亦然，不過東岸除了他控制的地盤，其他都由「生番」（savages）佔據。

　　Oliver（p. 408）、甘為霖（p. 524）載為花寶的部落距離30-32里格（leagues），換句話說，約144.8-154.5公里的內陸。但台灣最寬處才約140公里，顯然有誤。即便是30哩（約48.3公里），意指花寶為泰雅族或太魯閣族，也不可能；除非他指的內陸在北邊，那是噶瑪蘭族。不過Wirth（頁47）據此認為花寶「住在龍湖（日月潭）附近」。都是天方夜譚。倍氏為了推銷征台企劃案，難免誇大其辭，難怪郭廷以（《臺灣史事概說》，頁179）認為「『臺東』探險的故事及其報告，頗屬可疑」。

　　巴青哥還說漢人稱福爾摩沙島為「台灣」（Touaiouai）、土著則稱「北港山」（Paccahima）；東岸只有一些日本船及漢人偶而來此交易。此地物產豐富，有金子、水晶、硫化水銀（cinnabar）、稻米、蔗糖、肉桂皮、生絲、尤其有商業價值的樹木更多，暗示可以輕易的與花寶王爺（Prince Huapo）締結建立殖民地的條約。[8]

　　當天有位王爺派來的將軍（Bamini or General）先行抵達，宣稱王爺正在途中，他先來準備各項迎接事宜。伯爵隆重地接待，下令部下發射三輪步槍以示歡迎之意，設法贏得將軍的友誼。透過巴青哥的翻譯，伯爵應將軍要求敘述過

---

8 Oliver, pp. 408, 429, 431；甘為霖, pp. 524, 534-535.

往的故事，後者請倍勇斯基不要馬上離港，延遲到很想會見伯爵這號傳奇角色的大頭目抵達再說，而且王爺還派他帶勇士前來保護。倍勇斯基表示感謝，不過婉拒了不必要的保護之舉，因為他力足自我防衛。談話的同時，將軍要人端上茶水、煙草待客，還「ㄍㄠˋ」（caused）了一口包葉石灰檳榔給伯爵品嚐。後者接過咀嚼，深覺難吃。伯爵仔細打量將軍服飾：「他穿著從頭到腳的合身長袍，漢式半統靴，白襯衣，黑馬甲，外罩上綴鑲金珊瑚釦的紅色披風；頭戴尖頂草帽，上有染成紅色的馬鬃（可能是牛、鹿鬃）當裝飾；武器有刀、長矛、一張弓、內裝25枝箭的箭袋。他帶來的士兵幾乎全裸，只用一條藍布包裹私處，攜帶弓箭、長矛武器。」在花寶還沒來的空檔期間，伯爵與將軍共進午餐，應其要求，倍勇斯基親自以火砲射擊500步遠的靶船，下令屬下以火槍射擊80步遠的木板標靶等火力示範。此時，全部茅屋都已蓋好，只留8人守衛船舶，其他人都搬上岸居住，「土著已和我們混熟了，放心地任他們的女兒在我們的營地活動。」

回憶錄描述王爺抵達情形如下：「9月1日，星期四上午8點，[9]6名高舉旗幟的騎兵走在前頭開道，後面跟著一隊執矛步兵，再來是30多名騎兵，然後是弓箭手部隊，緊接著是手持棍棒、斧頭士兵，最後便是由12到15名騎著小駿馬的軍官環伺在側的王爺。其他稍後來到的軍隊零零落落的。

當時台灣馬匹相當少，原住民有馬更是聞所未聞。騎的有可能是伯爵的「指『牛』為馬」。1648年6月至1652年之前在台的德籍傭兵Carspar Schmalkalden於《東西印度驚奇旅行記》提及：「前幾年公司在島上放牧一些馬，他們自行繁衍了不少。……未得公司的命令，任何人均不得捕捉」（鄭維中，《製作福爾摩沙》，p.129）；1660年8月至1662年2月在台的瑞士傭兵Herport〈台灣旅行記〉（p.125）也提到：「台灣有很多野馬、水牛」；黃叔璥，《臺海使槎錄》卷三〈赤嵌筆談〉物產篇記載：「內山有山馬」。可能是飼養的脫韁野馬。

9　日期、星期是筆者加入，時間則是Oliver（p. 411）、甘為霖（p. 525）上載；本文以下所加入的日期都是根據英文版推算出，因為從9月1日起伯爵完全搞混了日期。

▲日軍騎馬攻擊牡丹社情形，在台灣戰役史並不多見（C. Imbault-Huart）

抵達營地後，大家隨意就地休息，沒有派出任何衛兵。」上午11點，王爺馬上派巴青哥來請倍勇斯基到不遠處他的帳棚會晤。一見面，倍氏端詳大頭目——年紀介於30到35歲，約5呎3吋高，身體壯碩、朝氣蓬勃，兩眼炯炯有神，風度高雅。王爺立即表達歡迎伯爵來到島上，並致上挫敗他的死對頭部落的謝意；還說伯爵必然是先知曾經預言、拯救「台灣族（原住民）」（Formosans）脫離「中國人」（Chinese）桎梏的那位「異鄉人」（stranger）；[10]因此他願全力幫助伯爵、服從指示，以便達成他想解放全島的計畫。倍勇斯基寫道：「王爺此話一出，巴青哥有意無意地導引我扮演另一新角色，他居然說我事實上是大國王子，到福爾摩沙為的是瞭解漢人，並依據島民的願望把他們從邪惡的漢人手中拯救出來。」伯爵個性有點投機，是個只求達到目的的變色龍，隨

---

10 早期西方文獻以Formosans稱原住民，到19世紀末期才漸指台灣漢人。

時可以扮演新的或雙重角色，也就順口附和巴青哥的說法，還不忘拍「英明、睿智」的王爺馬屁；不過也說此行係先來結交盟友，以便下次再來時推動大計畫。王爺聽了大喜，邀他及隨員共進午餐。

午飯過後，王爺率領所有兵馬到伯爵的營區回拜，停泊營區不遠處的船舶早已準備21響歡迎禮砲，沒想到第一砲嚇壞他們，搞得貴賓人仰「馬」翻，只好暫停發放，改朝天施放3輪排槍，待貴賓驚魂甫定，再把剩下的20響禮砲好生放畢。第二次的會晤，大頭目深入詳談計畫細節，毫無疑問地「虛榮」是他想與漢人宣戰的主要誘因。由於伯爵已經計畫下次再來島上建立殖民地，贏得任一土著酋長之友誼事關重大，不單只是為目前的安全著想，也牽涉到提案是否更可能獲得某些歐洲強國的資助考量。於是他決定使出渾身解數，全力贏取花寶的友誼，下午4點許，引領王爺參觀聖彼耶‧聖保羅號；晚間7點半，施放3個伯爵昨晚連夜趕製、包括蛇形煙火在內的煙火表演，王爺雖然大表讚賞，卻說曾看過漢人類似的煙火。臨行時，王爺解下腰帶及配刀送給伯爵作為款待謝禮，那兩樣禮物也代表分享指揮包括260騎兵在內的8,000名軍隊的象徵。當晚伯爵也準備了回贈禮物，而於9月2日天一亮，把兩門加農砲、30支毛瑟火槍、6桶火藥、200顆鐵彈丸、50磅火柴，以及先前從日本船掠奪來的50把武士刀，送到王爺營地。

9月2日上午8點，巴青哥前來通知王爺預計10時再度來訪的消息，伯爵利用這段空檔與巴青哥仔細研究，決定了對王爺的提議之接受條件。於是雙方第三度會晤，王爺提出下述更重要的合作議案：伯爵應留下一些人手，以待將來再度來台時接應；伯爵應替王爺取得武裝士兵、船舶及駕船的船長；伯爵應協助他驅逐漢人，並接管他讓出的哈板新（Havangsin）地方，等到大業告成，應接管整個王國；伯爵應幫助他即將展開的攻打隔壁部落之遠征，他則給予金錢及其他權益做謝禮；最後，雙方應簽署永久友好條約。

除了第一項因欠缺人手、無法留下人員之外，伯爵對於上述其他提議都同意，並告訴王爺，據他草估募集士兵、取得船舶所需的花費。然後透過一種非常類似南洋群島酋長向朋友保證友誼的儀式，進行永久友好條約簽署的過程：「我們步向外頭升起的小火堆，先丟幾隻木柴在火上，然後各捧一盤香爐，

焚香後朝東方祭拜再焚香。然後第一次碰到的那位將軍逐項朗讀提議條文，我則逐項回答；每項暫停片刻時，我與王爺轉身朝東，再焚香一次。最後一項朗誦結束，王爺發下如違反友好條約願受天譴的毒誓；巴青哥要我也發同樣的誓辭，他再翻譯給眾人瞭解。然後將香爐餘火丟在地上，雙方拔刀刺進地面、直到只剩刀柄為止。一旁伺候的人立即搬來許多大石頭，蓋住那兩把刀；王爺擁抱著我，宣稱從現在起我已是他的兄弟。」儀式結束，中午王爺賞宴；下午4點30分伯爵穿上王爺給的全套本地禮服，在王爺陪同下騎馬繞行軍營，軍官都用左手碰觸伯爵的馬鐙，表示臣服之意。

「決定幫助酋長遠征後，」回憶錄寫道，「我認為應該問明事情原委。」這的確是探險家很好的作風，問明真相、瞭解對錯，並不意味就會改變態度。茲引述他所問出的事情始末：「有個叫哈破王（Hapuasingo）的酋長，結交漢人並成為其納貢屬邦，要求花寶王處死涉入械鬥的數名部下；花寶王拒絕，又不幸敗在一次對抗哈破王的戰爭，被迫賠了一大筆錢了事；而漢人通事（Chinese Governor）也以賠償其費用為藉口，[11]聯合哈破王佔據了他最肥沃的領土。他的敵人哈破王的王城（capital）位於離此不到一天半的路程，[12]敵軍不超過6千，而1千漢人幫兇擁有50支毛瑟槍。」倍勇斯基答應繼續幫助友邦戰鬥，要求60匹馬載運他們一行49人，[13]以及4門小火砲、彈藥。

9月3日、星期六，[14]下午4點聯軍出發，只在清晨及晚間行軍，以避開中

---

11 根據倍氏的說法，他到東岸又是大砲、又是遠征的，但清國官方卻毫無所悉，因此這裡的Chinese Governor似以「地方通事」或私墾集團的「大頭人」較可能。

12 倍氏未註明首都名字，只用capital帶過；經層層轉譯，居然失真為Capial部落！根據伊能嘉矩之說，把不存在的Capial推測位於基隆八斗子；如是，清官方不可能不知道，恐怕還會驚動朝廷。

13 Oliver（p. 421）、甘為霖（p. 530）上載的傭兵3隊人數各為15、18、15，似乎是48人；不過中央的18人中，未計算Myself（倍氏），所以共49人。

14 倍氏原著誤為9月1日。Oliver（p. 421）指出倍氏當時可能只記下重要事件，導致後來的回憶有誤，出發日應為9月3日；他根據前述距敵人王城1天半路途，因此「推測」原著9月1、2、3日似可併作一天（即9月3日），攻擊日為原著的9月4日。如此推測實在可惜，筆者因此在文中引述行程經過，當可發現倍氏慢記2天。

午極度炎熱時段：在固定休息時間進食米飯、水果、喝一些類似白蘭地的中國「三酒」（samshu），馬匹則吃比較營養的米之類的東西。3日（按原著誤為1日）晚間11點紮營於Halavith溪畔。9月4日、禮拜天（原著記為2日、星期五）清晨4點再度出發，上午9點紮營；下午4點拔營，晚間10點紮營，當晚20頭牛馱來米、水果、酒等補給品。9月5日、星期一（原著3日、星期六）清晨3點出發，上午9點紮營於敵人的廢村，等待跟隨在後面慢一天行程的花寶抵達。王爺珊珊來遲，直到下午5點才出現，遭倍氏埋怨一頓，王爺辯稱輜重龐大、無法速行。9月6日、星期二（原著4日、星期天）清晨3點拔營，4點半遭遇敵方先頭部隊約30餘騎兵，逮捕其中2名敵人。此時距離敵人王城不到6小時路程，小股敵人陸續出現，發生遭遇戰，上午10點半來到敵人王城附近，乃先紮營，設立砲陣地；中午12點100名騎兵前來窺視；下午2點，敵方50名騎兵出現，稍後1萬至1萬2千大軍壓至；下午3點30分20騎兵奔到陣地外圍，遭發砲驅走；緊接著敵兵大舉進攻，但也只是留下近200屍體；敵方發動第二波攻勢，死傷更慘重，最後被迫撤出戰場，追擊2個小時直到入夜方收兵。當晚11點，王爺才出現，決定次晨輪由土著兵進擊。伯爵則將自己人數不多的兵力分成左翼、中軍、右翼三部份隨軍出發，9月7日、星期三（原著9月5日、週一）清晨4點45分發動拂曉攻擊，但有了前一天的遭遇戰，單單槍砲聲就足以使敵軍聞風逃逸，結果是一場大屠殺。上午11點戰爭結束，伯爵四處尋找花寶王，以便把俘虜交給花寶王，沒想到謹慎的王爺居然早已退出戰場，「站高山看馬相踢」，當起觀眾；中午12點花寶才再度現身，伯爵把哈破王及4個王妃交給王爺處理，但交代不得加以傷害。[15]

　　一面倒的戰鬥行動已經結束，伯爵宣稱他們即將立刻返港、登船離開的意向，酋長及將領雖然試圖挽留，但他心意已決，只好以更實際的東西表達謝意。王爺送給外籍傭兵數顆大明珠、800磅銀、12磅金子；另外送伯爵一箱內裝100塊金條、重達13又4分之1磅的大禮，以供他自己運用；並派將軍率領120位

---

15 Oliver, pp. 421-425；甘為霖, pp. 530-532。日期、星期皆由筆者加入，時間為原著記載；由時間過程顯見原著所載日期有誤，也看得出Oliver推測錯誤。

騎兵隨行，沿途照料飲食起居。伯爵則留下四門小火砲及彈藥給王爺，後者親眼見過其威力；另外聽從巴青哥的建議，留下一位波蘭籍的小駱基諾（young Loginow），他的哥哥就是不幸慘死台灣的約翰・駱基諾，要他好生學習台灣話，安心等待伯爵回來，並替他爭取到王爺的砲兵將軍職位。小駱基諾留下後紮根東台灣，就像1868-69年在宜蘭大南澳拓墾的何恩（James Horn）一樣，娶妻生子。1895年2;當時美國戰地記者James Davidson就曾在蘇澳附近見過何恩的混血女兒。

　　9月8日星期四（原著9月6日、週二）下午4點，踏上歸途；減輕了火砲、彈藥負擔，一行跨上駿馬（蠻牛？），直奔捷徑，速度快多了。9月9日星期五（原著9月7日、週三），行經景色怡人、耕種良好的鄉野，到處都可見到小溪流過，緊鄰不遠的村社則人口茂密。

▲牛一直是台灣住民族的好幫手（柯維思）

9月10日星期六（原著9月8日星期四），下午3點回到海邊營區，伯爵將所有禮物，包括王爺給他的私房錢，都分給同伴、婦女，自己不留一件。如此慷慨行為增加了同伴對他的服從；不過不久，這種「孚眾望」因為爭論是否留在台灣，差點變成「顧人怨」。

9月10日當天晚上，他的心腹摯友都極力勸他接受王爺割讓的領地，放下浪跡天涯的生活，卜居如此友善之島。他們說：「我們這批亡命之徒回到先前摒棄我們的歐洲，還有什麼好期待的？而在這裡，在你指揮之下，大可建立一處歐洲殖民地，大家安居樂業。」的確中聽，也說得很有道理，所以我們幾乎不能相信這番話居然沒有說服伯爵。似乎伯爵對曾作姦犯科、龍蛇雜處的部屬不太信任，他也怕從此無法重見分手時已懷孕的太太及未謀面的小孩。不過同夥很想根留台灣，所以他不敢說出這項理由。無法爭取到官方的投資，因此對同伴的懇求絕不讓步，最後終於說服他們跟他離開。

10日一夜好眠，直到隔(11)日上午10點才醒來。同伴請求休息到12號（按14日），以恢復征戰的疲勞，伯爵同意；11號禮拜天（按原著9月9日、週五）午飯過後，宣佈開始放假；9月13日、星期二（原著11日、禮拜天）全員集合登船。他們終於在9月14日（按原著、本書原文9月12日）上午10點過後離港，經過島的北端，航向澳門。[16]

回憶錄提及原住民擁有馬匹顯然離譜。另提到原住民擁有數量龐大的黃金、銀子、珍珠，恐怕只在展現伯爵想推銷殖民台灣之利基。當然，東岸產金傳說從荷蘭時代即甚囂塵上，多次派人探測，終於在哆囉滿（花蓮新城）附近發現金子；不過仍無法找到金礦，只能與土著交換黃金。1714年來台測量地圖的馮秉正神父（Fr. de Mailla）曾描述漢人結夥到東岸搶奪原住民金塊之事。黃叔璥，《臺海使槎錄》卷六〈番俗六考〉，也記載明鄭淡水通事李滄愿率領士兵到卑南覓社（台東）搶「金二百餘」。

---

16 Oliver, pp. 428-429, 435-436；甘為霖, pp. 534, 537。原著，船員於9號請求休息到12日再離港；由於9號為11日之誤，因此離港日為14日，否則無法好好休息，「恢復征戰疲勞」。而「經島北、航向澳門」透露此地似離島北不遠。

　　無論如何，倍勇斯基的計畫被歐洲各國視為空中樓閣，那是由於所提出的報酬率遠高於任何一位細心政治家的預期。對於肯資助他的國家，伯爵答應每年支付歲貢〔利息〕；宗主國如發生戰爭，可從該島派兵協助；更誇張的是，他還保證3年內分期繳納借款利息，第4年就可還清本金呢。

　　儘管倍氏的東台殖民計畫沒有結果，但仍發生後續影響：(1)1784年，法駐廣州領事Vieillard（偉亞）奉海軍大臣之命，提出法國首份涉台官方文書*Memoire sur L'Isle Formosa*；(2)1785年，法國人Abbe Grosier發表〈台灣見聞錄〉（*Eine Description der Formose*）；(3)1785-88年奉路易十六世之命環航世界的法國探險家La Perouse, 曾於1787年4月27日停泊安平港外，目睹林爽文事件尾聲的騷動，怕遭波及、未上岸；(4)1809年Mebrun向拿破崙建議將台灣納入殖民地。

鴉片鬼佬死亡之旅

　　1816年（嘉慶廿一年），清國每年輸入3,210箱鴉片（opium），一箱（a chest）約百斤或百斤以上，依品牌而定，波斯鴉片每箱100斤，印度鴉片超過百斤；到1839年（道光十九年），已達每年5萬箱左右，使得用來支付鴉片的白銀外流，形成「銀貴錢賤」現象。1830年，一兩銀可換銅錢1,365文，到1849年一兩銀升值到兌換2,355文。升斗小民平時使用銅錢，但完糧納稅卻要用白銀，造成民生凋敝，引發連串社會、經濟問題。有鑑於此，必須阻止白銀外流，而禁止或至少減少鴉片進口成了必要的手段。

▲鴉片鬼（《台灣史料集成》）

天國末日

湖廣（兩湖）總督、禁煙欽差大臣林則徐即在這種背景下奉派來到廣州。1839年6月3日-25日（道光十九年陰曆四月廿二—五月十五日），林在虎門海灘燒毀英商20,283箱鴉片。之後，7月7日發生英兵殺害九龍尖沙咀村民「林維喜案」；8月31日英國商務監督義律（Charles Elliot, 1801-1875）率艦砲轟九龍水師船隻；11月3日爆發「穿鼻海戰」，當月又陸續接戰5次，揭開了鴉片戰爭序幕。

「新仇」加上以往貿易不順、飽受屈辱的「舊恨」，使得英國會僅以9票之差通過出兵案。1840年6月下旬，英海軍提督、首席全權大臣懿律（George Elliot, 1784-1863, 義律的堂兄，同年11月病重離職，義律繼任）率領「十六艘軍艦、四隻裝甲汽船、一隻陸軍用船、二十七艘運輸船」的龐大艦隊，大小火砲五百四十門，士兵4千，在鴉片商怡和洋行創辦人渣甸（Dr. William Jardine, 1784-1843）協助下陸續抵達澳門海面。

被洋人讚為「留心洋務，足見學識長進」的新兩廣總督林則徐早有防備，除用木排、鐵鍊封鎖珠江，增強砲台武裝，還向美商購買1,080噸、上裝三十四尊大砲的劍橋號（*Cambridge*），橫停珠江口，作為障礙物，兼充砲台之用。如此「船堅砲利」想必可給英鬼佬一番排頭，結果居然被水鬼爬上去，連船帶砲開走了！

英佬識相，不攻早有防備的廣州，只留五船封鎖珠江口，其餘北上沿路封鎖廈門，攻陷舟山群島定海縣城，又封鎖寧波、長江吳淞海口，8月15抵大沽口，清廷為之震動，先革掉林則徐，另派琦善當欽差。直隸總督琦善好說歹說把英人「哄」回廣東，但在英軍攻佔虎門兩旁穿鼻島與大沙角砲台威脅下，1841年1月20日只好達成《穿鼻草約》——對清國而言，比後來的《南京條約》還「優越」；但道光帝還以為可效法父祖擺臉色給鬼佬看，聞訊大怒，把琦善革職，抄家拿問。英女王也不滿意，將義律調回國，另派樸鼎查（Sir Henry Pottinger, 1789-1856）繼任全權大臣，後為首任駐清公使兼香港總督。

帝國屢戰屢敗

樸鼎查還沒到澳門前，1841年3月初英軍只傷亡14人就攻陷虎門砲台群；清兵死傷千人，包括關天培、祥福兩位提督陣亡，被俘虜及失蹤者2千之多。3月底，英軍當著征剿白蓮教有功、在城牆擺滿「尿壺盛裝狗羊血、糞便」充作破解「英夷船砲邪術」，失效而不敢發一槍的宿將楊芳面前，兵不血刃地佔領廣州近郊砲台。5月，趕到廣州的靖逆將軍奕山發動攻勢，慘遭修理，還賠錢（600萬）、撤兵（離廣州60哩）。同年8月10日樸鼎查抵華，揮軍北上，連續攻陷鼓浪嶼及廈門（8月）、定海（9月）、鎮海與寧波（10月）；1842年4月，在鎮海、定海、寧波擊潰揚威將軍奕經的「三路反攻」；趁勢攻陷乍浦（5月）、

▲樸鼎查（F. Grant繪，1847）

吳淞及上海（6月）、江陰和鎮江（7月中下旬），欽差大臣耆英、參贊伊里布「相向而泣，束手無策」；逃到南京的兩江總督牛鑑，居然派人到下關歡迎英艦「大駕光臨」。反正天國怎麼打總輸，簡直慘不忍睹，只除了廣州三元里村民「平英團」稍爭氣，趁大雨滂沱、火槍失靈，以人海戰術讓英軍死傷20餘人（1841.5.30），卻被一事無成的奕山誇報英夷「死傷百餘」。英方則胡打亂贏，連自己都不太敢相信。1842年8月29日（道光二十二年七月二十四日）雙方在英艦皋華麗號（*Cornwallis*）簽署《南京條約》，開啟近代中國苦難之始。

▲1841年穿鼻海戰（E. Duncan繪，1843）

▲英軍攻打鎮江西門（T. Allam, China, 1843）

No. 20. Death of Col. Tomlinson, Chapoo. 1842. Engraving. T. Allom—Capt. Stoddart, R.N.

▲1842年英軍攻打乍浦（T. Allom, China, 1843）

台灣屢傳捷報

　　期間只有一個地方「連戰皆捷」，令宣宗「破涕為笑」——孤懸海外的臺灣鎮、總兵達洪阿、道臺姚瑩居然3次「擊敗」來犯英船。首次在1841年9月30日，重創進犯雞籠（基隆）的運兵船納不達號（*Nerbudda*），殺「白夷五人、紅夷（按毛髮微黃者）五人、黑夷（印度人）二十二人，生擒黑夷一百三十三人」。使得坐困愁城的道光帝乍聞捷報欣喜若狂，在臺灣鎮、道奏文上硃批「可稱一快，甚屬可嘉」；同年10月27-28日，一艘英艦突入雞籠索俘未果，與守軍互轟，遭擊退，道光又批「兩月之內連獲勝仗，甚屬可嘉！」第三次為1842年3月11日（道光廿二年正月三十日），運兵船安號（*Ann*）在中部大安港海面游走，守軍「懍遵不與海上爭鋒之旨」，誘從土地公港（苗栗苑裡鎮房裡里與台中市大甲區銅安里、福德里交界）擱淺。這下子皇帝更樂了，批示多句

反映壓抑之紓解，「大快人心」、「稍舒積忿」、「全賴爾等智勇兼施，為國宣威；朕嘉悅之懷，筆難罄述」……等，當然少不得封賞有功人員。

姚瑩自豪的說：「夷人五犯臺灣，不得一利。兩擊走，一潛遁，兩破其舟，擒其眾而斬之」。「兩擊走」指1840年7月16日，另艘英船停泊鹿耳門外，以及1841年9月中旬，英船在台灣各港口外出沒，皆引起虛驚，也都報稱擊退英夷，功勞當然更大了。臺灣當局奉旨於1842年7月初及8月上中旬分批處決了139英俘，剩11人（含2漢奸），最後只有9位英人遣回廈門。

可是樸鼎查卻持異議，認為「遭處決之人，只是毫無侵犯性的隨營工人與海員，既無武裝，又無自保能力，更別提侵犯他人。兩被俘船隻係遭風到台，非欲攻臺灣。即便戰俘手持武器、在戰場被俘，長達近一年的監禁折磨，又遭屠殺，尚且違反普世公認的規則與觀感，這樣的戰爭規則為區分文明世界與野蠻世界之標準。」他要求嚴查治罪。針對英方、政敵之質疑，達洪阿、姚瑩於道光二十三年正月二十六日奏稱，安號船搜出清軍砲械火藥、水師軍服旗幟、地圖公文等物，質疑「若係商船，何有此物？顯係在浙騷擾之兵船，毫無疑義。」這是場公說婆說的「羅生門」，是非未必有真正的答案，俘虜留下的日記或可嗅出些許解答，而過程更精采。

曾參與寧波之役、在臺被斬首的古落魄（Robert Gully），原在華經商多年，搭乘安號要到澳門訪友，計劃稍後回北京，不幸在臺灣海岸失事。他從被逮捕開始就寫日記，直到1842年8月10日為止，也就是死前3天內還在記錄。安號船長顛林（Captain Denham）也寫日記。兩人的獄中日記曾刊登於《中國文庫報》（*Chinese Repository*）1843年3月及5月號。1844年倫敦出版了《1842年古落魄與顛林船長清國獄中日記》（*Journal Kept by Mr. Gully and Captain Denham, during a Captivity in China in the Year 1842*）。當然，也有人質疑真實性，因為日記如何保存、帶出，都是問題，有些記載顯得不合理，加上人為編輯色彩太重。不過，從中或可瞭解清國對戰犯的觀點，以及當時臺灣島上的情況。本文日記、察訪文括號〔 〕或（ ）內的字句，皆為筆者所考據、加入。

▲內不達號與安號英俘被囚禁的穀倉（Pickering, 1898）

古落魄日記

　　1842年3月14日，剛用過早餐，聽到外頭有喧嘩聲，然後看到長矛、軍旗。獄卒說我們即將被送走。某獄卒將律比（Roope）叫到一旁，然後把他拉上〔地牢〕樓梯，律比大聲呼救，顛林船長（Captain Denham）與我齊身趨前，發覺士兵正勸誘律比上樓，但卻揮手示意我們不要上去見官員。上到一處乾淨小室，有人要我們待在那裡，心想留住我們只為搜刮財物，決定與同伴一起離開。也許那傢伙聽說過我們開給漁夫〔周梓幫助吾等出港〕的高價碼，〔而動起歪腦筋〕是否如此就不得而知了。

　　我們全部被帶到3位大官面前，項頸被貼上紙條，由士兵護送到約3哩外內地一處有城牆的小鎮（按可能是彰化城——道光四年（1824）建竣土城）。城牆用圓石和油灰（油脂與生石灰拌成的樹楠）築造。我們從鎮的一頭走到另端，然後坐在靠近官署城牆下約半小時，我想用意是讓百姓「觀賞」吧。之後，分2隊進入官署，士兵說我們即將被砍頭，照理應該相信，但他們在石頭磨刀的誇張動作，被我看破手腳。我們被分置在2間牢房，每間約8呎長、7呎寬，各容25人犯（按1間25、1間30人）及3名獄

卒（估計可能有問題，一間2.44公尺×2.13公尺的房間，很難塞進25名大體型老外）。天氣很冷，沒東西可蓋住頭部，只能用零散的小撮稻草姑且頂住濕冷的磚牆。

　　沿途種滿稻子，都只用1呎高田埂區隔成小塊田地。每個村莊都很漂亮，外有竹林環圍。先前，剛被逮捕走到第一處監牢途中，看過牛車輪輾過的痕跡；今天首度看到一輛由公牛拖拉的牛車，正穿越犁過的田園，看不出為何走那裡，除非沒有其他路可走。車輪由2片堅實的〔半圓形〕木板合成，中間有洞承接輪軸，並用制輪楔固定，車體則用竹子搭成。輪子輾過泥巴地，旋轉得很怪異。

▲犯罪者被枷鎖示眾（小川一真）

　　經過任何村莊，都被所有村民當成怪物。此間及全島我看過的漢裔婦女都很樸素，有在頭髮插上漂亮花朵的習慣。來此途中，與幾批朝同方向、扛著安號槍砲的雇工擦身而過。總之，換成不同時空，我想應該會很享受這趟旅行的，但我的腳部因為先前〔11日被捕後，到離彰化只3英里的收容處，〕走路造成的傷痛未癒，所以無緣盡情享受這趟旅行。晚上被安置在一座擁擠的穀倉，這才鬆口氣，能休息真好。

　　3月15日，沒有特別的事發生，除了失蹤〔4天〕的砲手〔科因諫坭（S. Coen）〕及船員加入行列。他們享受較佳待遇，有衣物可穿，雖粗俗了點──能受善待，部分在於砲手手臂刺有美人魚──只是當時水手常見的裝飾，卻被誤為大人物；他們也利用誤會享受特權，直到目前被拆穿為止。

　　今天與16日，來了許多討厭訪客。來看我們的官員都說即將用艘戎克船送走我們，簡直是制式謊話，有個傢伙還特地把我拉到一旁詳細解釋（按古落魄顯然會說漢語──不知是閩南語或北京官話？他「計劃稍後回北京」，也許會說京片子；不過

日記用詞偶用閩南拼音）。假如相信所言，那麼17日晚間就不會上當了，那晚全被帶到官員面前，每人身上用紙條標上為我們新取的名字，銬上手枷，擺置轎中抬出城。出了城，穿過幾哩勉強稱得上開墾過的田地，沿途村民都說我們是待宰羔羊。途中路滑，我的轎夫翻覆了3次，我可比他們更愛這種意外，因為每次轎夫都被士兵痛罵一頓。最後轎夫說服保管我手枷鑰匙的小吏，允許不戴手銬自己走，我也同意走在鬆軟的路上。那個保管手枷鑰匙的人一直陪同到台灣府。能夠自己走路實在舒服。

▲抬椅是當時最普遍的遠行工具（A. Fischer）

　　許多場合，我留心觀察士兵所配的前填式火繩槍（matchlock），比我在大陸看到的好太多了，槍身、槍孔都呈六角形，外表相當光滑亮麗；但有的士兵裝束仍是窩囊樣，攜帶生鏽長矛、盾牌，頭戴舊式軟帽。我猜前者是正規軍，後者為鄉勇。稍後我注意到有種小麥，但與英國的小麥相比，簡直乾巴瘦小得不成麥樣。這就是我走到下一個城鎮的整個過程，我敢說漢人對小麥或大麥生長的瞭解程度，猶如我們的農夫對稻米一樣，少得可憐。

　　不多時，來到只有地質學家感興趣的不毛之地。放眼望去，向內陸伸展的無盡平原儘是丸石組成，有如約克郡（Yorkshire）地區的大圓石（boulders）一樣，連小丘、山區也是同樣地質，寸草不生，除了離海岸數哩遠山頂，偶有撮綠色點綴。直到擱淺之前，由於從海中遠眺山區的關係，我一直誤以為福爾摩沙的海岸輪廓應是很清楚的。夾在山區與海之間的平地相當低窪，而且毫無樹木，常使航海人產生誤判；我十分懷疑地圖上標明的河流，應該不太寬廣。

　　這趟首次搭轎之旅，經常在路旁客棧打尖，從店小二那裡學會如何花用伙食費，這些客棧，以及路經的所有房屋，都是用前述圓石和泥巴建成，旁邊通常都有一株或數株枝葉茂密的樹，樹下擺著幾張椅子。鄉下是我見過最荒涼、最窮困的地方，不禁使我興起「美麗島──好個錯誤的名稱」（Formosa, a sad misnomer）想法。散村零零落落，相距甚遠，村民衣衫襤褸，比我之前在清國大陸看過的人更可憐（按1838-1842年間，台灣發生多次分類械鬥、民變──造成百姓流離失所）。

　　今天約25哩路的行程都是朝南方向，渡過幾處西流河川，河水顯然比其他季節來得淺窄。我們也路過幾處沒有城牆的小鎮，即便稱得上有城牆者，也只是土牆，都有城門，一處有磚門，其他都是竹門。經過所有城鎮、村莊，受盡各種侮辱，婦女倒未加入謾罵，只是表現女性常有的好奇心。傍晚時刻，來到一處有高大磚牆的大城休息。抵達該城之前，田野儘是水稻，間雜修長、密竹圍繞的小茅屋，竹子長得比其他地方的來得高大許多，估計至少有60呎高。仔細觀察，才知牛車輪軸是與車輪一齊轉動的。大城的菜市場有許多魚。另外，發現西方不遠處露出戎克船檣頭，這是接近府城之前，唯一一次看到象徵大海的標誌。

　　古落魄未註明日期，此地可能是離府城一日行程的茅港尾（台南市下營區茅港里）。黃清淵〈茅港尾紀略〉〔收於《臺灣輿地彙鈔》（台北：宗青，臺灣文獻叢刊第二一六種），頁137〕載，該地為歷次民變攻防重地，街北有營盤埔，下臨港灣，可容舟；1875年11月底，曾路過的英國駐淡水外交官阿赫伯（Herbert J. Allen）稱：「有間舒適的官營客棧，還可吃到新鮮漁獲。」

府城死亡日記

古落魄在途中看見許多「酷似英國式的墳墓」，卻只見到少數墳墓豎有傳統中國墓碑。這種情形，可能因動亂關係，死者家屬無錢買墓碑，草草埋葬；也可能暫厝，擇期運回大陸老家安葬。抵達府城後，他抱怨受到虐待：

我認為獄卒是最邪惡、最殘暴的人。我們被關在污穢不堪、極狹小的囚室，晚上睡覺沒人可伸直腿，只能像狗捲曲著，我患痔瘡好幾夜因此不能闔眼。同監的10人-5位船員、2位馬尼拉人、砲手〔科因諫坭（Coen）、三副〕巴底時（Partridge）、我本人，以及一只水桶，2個多月擠在11呎6吋長、7呎6吋寬殘破不堪的牢房裡，每天只能出牢盥洗一次；這在剛開始的一個多月，是不被允許的，當時每天早上只有一、二人獲准盥洗，除非其他人不介意用髒水梳洗，那是看管監獄的惡棍太懶，不想每早多提一些水所致。

此地各種食物，尤其蔬菜、水果相當豐產，然而提供囚犯的數量卻少得可憐。芒果（檨）相當可口，1銀元可買1,500到2,000粒。古落魄發覺這種水果有益健康，連皮吃下，可治療痢疾。地方方志稱芒果為「檨」，音ㄕㄜ，又稱「番蒜」；閩南音發「ㄙㄨㄞˋ啊」。相傳是荷蘭種，分香檨、肉檨、木檨三種，和鹽巴搗碎，可當送禮良品──「蓬萊醬」。他也為了健康理由吸食鴉片，但有副作用：「15分鐘後，我開始快活似神仙，1小時後如染大病，只能終日躺在床上。」他抱怨惡夢連連，睡不安穩，如此描述囚牢環境：

7月25日。照常起床，好個天氣晴朗的早晨，不過昨晚睡得很差，整晚夢魘不斷。突發奇想，萬一死後，這本日記倘尚留存，或許有人很想知道此地居住環境的佈置。這間牢房與我們搬過來的對面那間一樣大，但我們比對面的鄰居享有3大好處：

1. 這間只有〔三副巴底時、砲手科因諫坭和我〕3人居住。
2. 窗戶只有一根橫木。
3. 屋頂有通風孔。

還有5扇8呎長、14吋寬、2吋厚的硬木板可供睡覺。地板用碎磚鋪成。有一根與牢房等長的竹竿吊在頭頂，白天我們將2張睡覺舖的草蓆亮在上面。除了草蓆，現在還掛著2條毛巾，一條用棉短褲改成，另一條苧麻布質的是朱光龍（Zu Quang Loon,身分不詳，不在涉案「漢奸」名單，可能是獄卒）給我的。屬於巴底時的另條毛巾、一捲紙、素描等雜物，則用繩子綁妥、吊著。東邊牆上掛著鄭二（Chin Hoe, 按鄭阿二，廣東人，幫助安號販賣煙土。根據道光二十二年十月十四日達洪阿、姚瑩的奏摺，「漢奸」鄭阿二在暫不殺11人名單；顯見他與黃舟後來另拘他處，古落魄才誤以為阿二已死）被雨水淋濕的遺照。窗口朝西，一邊掛著船長贈我的煙斗，另邊擺著獄卒送的小鏡子、幾隻鉛筆、4根蚊香（monghoons）。竹枕、下午遮蔽西曬陽光的麻蓆，以及一面棋盤就擺在床板上。北面牆上，掛著花費50錢（cash）買來的澡盆，以及前犯留下清理床板的一把掃帚、帶鉤吊籃等物。另一竹籃內擺放竹筷、竹湯匙、砲手的毛巾、一枝提燈籠的竹棍。

北面牆有凹龕，內擺土製油燈、燈座、幾根竹條、2條清煙斗鐵線、可抽3次的煙草、以及一些廢紙。〔北面及南面牆〕角落牆上鑽進2枝竹條，上擺航海日誌（logbooks）及幾張紙。下面有小竹架，擺放幾隻杯子、破碟子及繪畫原料、2個飯碗——一週前我打破一個，都是傑克（Jack, 可能是J. Seadore）給我們的；還有個煮茶水、溫熱三酒（samshu）——假如搞得到的話——的小陶壺，是阿豬哥（Aticoa,日記末載「又向阿豬哥借張木椅」，可能是神通廣大、兼營「副業」的獄卒）給的。竹架下方有竹棚，擺放平底鍋，再下面擺著也是阿豬哥送的小火爐，我們買的煮菜鍋和傑克送的鍋子內放置木炭、幾雙破草鞋，還有幾枝用來燻蚊的竹枝。

南面牆首先映入眼簾的是懸吊一串約80～90錢的「銀庫」（Bank），一只內裝些許鴉片球（opium pills）及茶葉的小藍子，以及用油紙包起來、花我30錢買的帽子。我正坐在一張前人留下的竹凳，一隻腳跨在頭家（towka）——我猜大概指典獄長——送給巴底時的另隻竹板凳上。對面是門，門後有水桶，在我的左側是窗戶，窗台擺著2把梳子，1把是在抵達此城幾天後，從旅途省下來的伙食費中，花13錢〔向「地下福利社」〕買來的。我的扇子插在窗戶上；我正用來寫日記本的漆紅墊板，上有黑字及一雙綠眼睛。我想這就是全部了。不！我忘了南面牆〔與北面牆角落2枝竹條上〕掛著東印度水手起笑（Kitchil）送我的長褲，還有那件麻布衣也是他送的，一雙毛襪則是法蘭西斯（Francis, 可能指船長Frank Denham）給的，大副律比記的航海日

▲押往刑場、斬首示眾（《台灣慣習紀事》）

誌則擺在上頭。

假如你認為上述物品清單有任何奢侈品的話，請記得我們可是最近才有這些東西的；剛到的2個月，幾乎一無所有，經常遭受數不清的跳蚤、臭虫、螞蟻、蚊子、蜈蚣的攻擊，毫無招架之力，除了死給牠們看，或是發生什麼大奇蹟。我現在躺著，身穿5個月以來擁有的唯一毛衫，還有半截棉褲。又忘了提到北面牆有我〔製作〕的日曆，每天早上，我用生鏽的鐵釘頭把日期刮在上面。我們又有第3張木製的椅子了，是向阿豬哥借來的。雖有分派工作，但日子漫長得可怕，我為無法排遣時光所苦，好想看書。

安號船員Newman被官府誤為副頭目，稱他「怒文」；《中國文庫報》（*Chi-*

nese Repository）第12卷、1843年5月號，描述行刑，以及他死裡逃生的經過：

　　當他從轎中被拉出，雙手反綁在後，看見2位囚犯掙脫手銬，拒絕再戴上，於是被灌酒，酒言酒語地發出很大的聲音，他高喊大家都即將被斬首了。他勸最好乖乖聽話，但他們仍抵死不從。他自己則掙脫手銬，接著把士兵銬上，此舉使得士兵大樂；但當兵哥試圖再銬他，他一再閃避。正當士兵即將得逞，他無意中瞄到為首軍官就坐在附近，趕緊驅前以頭頂地，不斷誦唸常在寺廟聽到的祈禱詞。大官頗欣賞這段即興穿插表演，轉頭交代將他帶回城中。

　　其他197位不幸的人，一臉茫然地被帶出汗臭囚牢，手枷腳鐐跪著，彼此相隔甚近，在恐怖的動刑時刻，緊張不安地等待雙手持大刀的冷酷劊子手的伺候。行刑後，所有砍下的首級分別放置小籃子裡，懸掛海邊示眾。無頭屍體則丟入一處墓穴。

▲斬首示眾（《泰晤士報》記者莫理循, George Ernest Morrison）

稅務司察訪監獄

當地人對這件慘案印象深刻，多人相信隨之而起的大風暴就是天譴象徵。首任駐淡水及打狗海關稅務司滿斯文（William Maxwell）向一位老人詢問當時情形，並在《香港記事報》（*Hongkong Journal*）發表"Tai-wan-foo"（臺灣府）乙文：

是啊，我清楚的記得那個台灣昏天黑地的日子呀！1842年8月11日，共有197人在北門外大校場斬首示眾。早上9點開始行刑，直到近中午才結束。所有官員，以及數千民眾圍觀，但尚未結束天空就昏暗了，突然閃電交錯、狂風來襲、暴雨直下，府城連下3天大雨，河川暴漲，田野做水災，房屋、人畜被激流一掃而空，溺死的估計在1千到2千人之間。啊！那是殺外國人的天譴呀！不過也是報復你們攻佔廈門而造成的。

▲斬首示眾的府城北門外大校場（Pickering）

　　滿斯文這段敘述，點出行刑日期，可能是他參觀西門外囚禁英俘的縣倉，從牢房牆壁解讀出來的；也可能根據Gully日記寫到8月10日而推斷出；不過也有說是在13日動刑；清方資料顯示7、8月分2批執行。那位老翁不可能確知日期、人數。滿斯文在事件發生之後約23年才進行訪查，可能即是在他去世的1865當年發表於《香港記事報》（*Hongkong Journal*）：

　　〔離城西郊區不遠的〕穀倉由幾間房子組成四合院，許多已完全坍塌，我們（按可能與必麒麟──William Pickering同行）在斷垣殘壁徘徊些時，熱切地仔細搜查牆壁上可能留下的任何蛛絲馬跡。進入一間稍經修葺過的角落偏房，剛剛萌生放棄吧的念頭，赫然發現牆上有幅鉛筆畫，畫旁有由幾個字母組成、無法辨識的單字。沿著牆壁看下去，欣然發現下述日曆，以及用鉛筆清晰寫在牆上的字體：

（按原表日期在左欄，月份在上方，為製圖方便，略作調整）

1842	M 週一	T 週二	W 週三	T 週四	F 週五	S 週六	S 週日	M	T	W	T	F	S	S 週日	M	T	W	T	F
August 8月	▽△	▽△	10	11	12	13	14 +	15	16	17	18	19	20	21 +	22				
September 9月																			
October 10月																			
November 11月																			
December 12月																			

下述人員於8月10日從總兵官邸銬送這間監牢：

船長（Master）-F. Denham（清史料寫作顛林）

大副（1st Mate）-G. Roope（律比，清稱大夥長）

三副（3rd do.）-D. Partridge（巴（吧）底時，清誤稱二夥長）

砲手（Gunner）-S. Coen（科因諫坭，清誤把gunner當名字、稱三夥長）

水手（Seacunnie）-J. Seadore（伊些駱，清稱白夷頭目）

東印度水手（Lascar）-Jurnaul（丑滿，清稱黑夷頭目）

上述6人是1842年3月10日半夜，在淡水附近（按土地公港）擱淺的二桅船安號船員。

另外，尚有1841年約9月間觸礁的納不達號的施狼（Syrang, 哈吻叨口爾）、丁盜（Burra Tindal, 咀唎空）——船長顛林謹記。

同牢房同面牆上，寫著8月10日～22日（Agosto 10～22）字樣；另面牆，寫有巴底時的名字，以及從8月10日到22日之間的日期。過了這段日子，囚犯極可能已被送到廈門，上述有4人最後抵達那裡。

另一牢房，有與前述完全相同的日期與記事，也是顛林所寫，不過是用毛筆，而非鉛筆。他〔後來〕顯然被單獨囚禁，據說係因他手臂上有船錨等刺青，獄方認定他是大頭人。

上述「有4人最後遣返」的說法，可能根據律比（Roope）發表於1843年5月號《中國文庫報》上稱：「10月12日，我（律比）詢問一位友善的獄卒，據稱我及其他另外3人，是兩船唯一上倖存者」。事實上，剩下11人中，英俘9人於8月22日移監赤崁樓；道光22年10月20或21日、1842年11月22或23日（英方資料載為11月24日，清國當局可能於英囚抵達後隔天或隔2天才交回給英軍），有9人回到鼓浪嶼英方手中。另2人為「漢奸」黃舟、鄭阿二，下場可想而知。

滿斯文的文章可在國立中央圖書館臺灣分館（擬議中、尚未通過的國立臺灣圖書館）找到抽印本，作者欄只寫「本報旅遊通訊員」（By our Travelling Correspondent）；依據郇和（Robert Swinhoe）的〈1864年英駐打狗署領事貿易報告〉（p. 276, in Irish University Press, China 6, p. 480），滿斯文在當年（1864）為29歲，必麒麟（1840-1907）24歲，據此，蘇格蘭人滿斯文應生於

1835年；他在1863年10月1日出任淡水關首任署稅務司，1864年5月6日（郇和曾稱5月5日，後依據滿斯文資料改為6日）及1865年1月1日分別開關打狗、安平海關，卒於1865年6月16日出租府城大西門外看西街（今台南市仁愛街）房子給初抵臺灣府行醫傳教的老馬雅各醫師（James L. Maxwell, Sr.）之後，必麒麟稱該年8月死於廈門（*Pioneering in Formosa*, p. 128），如此得年才30，他也是遴選必麒麟來臺、並提拔小必負責1865年元旦成立的安平海關之恩人。文中未註明訪問、刊登年代，從他描述「道台衙署旁的明倫堂後院，擺著1年前兵敗自殺（按1862年4月）的孔道台（昭慈）屍體，他的妻子與家屬仍在等待移靈回老家的機會」，似乎應在1863年。惟他寫道「我們」（we）四處查詢，加上必麒麟在*Pioneering in Formosa*（p. 46）提到甫抵府城（按1865年初）曾到過囚禁英俘的穀倉參觀，據此，「1年前」極可能指事平之年（1864），才可能將孔道台由彰化移屍到府城；而探查、刊登年代可能就在1865年。唐贊袞《臺陽見聞錄》（文叢30，頁44）稱W. Maxwell「滿稅司」，因此譯為「滿斯文」；另有譯為馬威廉或麥士威。

「頂罪」與「謝主隆恩」

上述8人之譯名、職務，係由通夷語的「漢奸」鄭阿二以廣東音翻譯，加上Newman（怒文），即為獲釋的9人。樸鼎查要求將涉入暴行之官員免職治罪、沒收財產，以撫恤受難者家屬。道光帝最初的反應是：「惟是犬羊之性反覆靡常，難保不藉端生事，別有要求」。不過又打不過對方，乃於1843年初派總督怡良到臺灣調查真相，事實上卻已事先明示怡良，將治臺灣鎮、道之罪；姚瑩稱怡良到了臺灣，私下說服達洪阿應體念聖上，顧全大局，認罪了事，「鎮道不去而夷或至，必不能聽其所為，夷或別有要求，又煩聖慮。大局誠不可不顧也」；怡良和達洪阿達成默契，1843年4月11日（道光二十三年陰曆三月十二日）怡良稟奏：「兩次夷船之破……並無與之接仗計誘如該道所奏者。……乃一意鋪張致為藉口指摘……況鎮、道大員不能實心求是，殊屬姑恩溺職。」

最後，怡良代表清廷向樸鼎查表達遺憾之意，英方有了鴉片厚利及香港割地，也就不再追究。同年4月23日（陰曆三月二十四日）清廷乃以達洪阿、姚瑩

「鋪張入奏，咎無可辭⋯⋯欺飾冒功，情殊可惡⋯⋯均著革職，解交刑部，派軍機大臣會同該部審訊」，利用罷絀、貶謫臺灣鎮、道手法，順利擺脫此案的糾葛。這只是障眼法，5個月後，道光二十三年陰曆八月二十五日又下旨：「姑念其在臺有年⋯⋯尚有微勞足錄。達洪阿、姚瑩加恩免其治罪，業已革職，著毋庸議」。這場名為「鴉片戰爭」，實為「白銀貿易爭奪戰」的尾曲，於焉落幕。

姚瑩降補四川蓬州知州，道光三十年（1850）獲保舉協辦兩淮鹽務，咸豐元年（1851）升湖北鹽法道，續任廣西、湖南按察使，留有《中復堂全

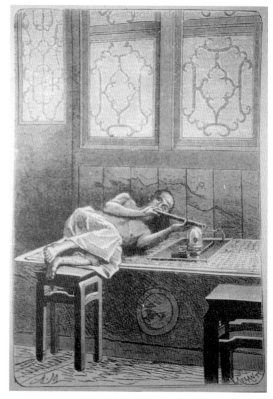

▲抽鴉片（John Thomson）

集》傳世。達洪阿後轉任伊犁參贊大臣、副都統右翼總兵，咸豐四年（1854）鎮壓太平軍中鎗，傷重死，追加「都統（將軍）」銜。至於林則徐，先充軍新疆，後歷任陝西巡撫、雲貴總督；1850年出任廣西巡撫途中，病逝潮州。

李仙得將軍與卓杞篤酋長

羅妹號事件

　　1867年3月9日，美國商船羅妹號（Rover）從廣東汕頭出發，開往牛莊（遼寧省營口市）。12日被暴風雨吹到台灣南端，於鵝鑾鼻南方海面七星岩觸礁沈沒，韓特船長（J. W. Hunt）偕夫人Mercy、船員共14人搭小船逃難，在墾丁獅龜嶺海邊龜仔用（律）社（Koalut）控制的東方海岸登陸，被殺害，只有叫德光（Teh-kwang）的汕頭籍廚師逃過一劫，輾轉來到打狗（高雄）報案。英駐打狗副領事賈祿（Charles Carroll）誤以為英船遭難，先照會台灣兵備道吳大廷，又稟報英公使阿禮國（Rutherford Alcock）；後來搞清是美船，才轉知美公使蒲安臣（Anson Burlingame）。

　　賈祿商請英艦鸕鷀號（Cormorant）開赴出事地點，搜尋可能的殘存者，德光與打狗海關醫師萬巴德（Patrick Manson）也隨行。3月25日下午4點抵龜仔用，翌日上午9點登陸搜索，遭伏擊，一名水兵受傷，被迫回艦。布勞德船長（Capt. Broad）下令開砲，驅離隱藏林叢的土著，由於兵力不足，只好返航。水野遵《征蕃日記》記載西鄉從道曾在射麻裏社（滿洲鄉永靖村）目睹一顆重達120斤的未爆彈，即英船砲轟留下的紀念品。

4月中下旬，美駐廈門領事李仙得將軍（General Charles W. Le Gendre）搭乘砲船阿修羅號（Ashuelot）來台，19日先會晤總兵劉明燈、道台吳大廷尋求解決之道，但後者出示「查台地生番，穴處猱居，不隸版圖，為王化所不及，……更無煩合眾國兵力相幫辦理」照會，辯稱對「生番地區」沒有直接管轄權，無力干預；李仙得只好自行到南灣，想和部落頭目溝通，希能避免往後類似慘劇發生，但龜仔用社拒絕他登岸。

▲李仙得將軍（維基百科）

排灣族勇挫美國艦隊

還未得到華府訓令前，李仙得即力促美駐亞洲艦隊司令柏爾少將（Henry H. Bell）率遠征軍赴台查明真相。於是哈特佛號（Hartford）、懷俄明號（Wyoming）兩艦開往南灣，6月13日上午9點至9時半間，由旗艦艦長博可納上校（Flag-Captain Belknap, 後升任美駐清日艦隊司令）率領登陸龜仔用社海岸，總兵力共181人；好事的「台灣通」必麒麟（William Pickering）受邀擔任嚮導，也隨隊。

密林、酷熱、暗槍，使水兵飽受折磨。下午2點，麥肯吉少校（A. S. Mackenzie）中彈陣亡，下午4點美軍被迫撤回船上，晚間9點離開南灣。柏爾在檢討報告明確指出：唯一永久確保該區及附近水域安全的方法為「將原住民由海岸地帶驅離，並由一個強而有力的盟國進駐該地。因為該島名義上屬於大清帝國，應要求清廷承擔責任。」

7月30日，李仙得再度請柏爾派砲船，以強迫台灣官府善盡「管教」原住民的義務；遭柏爾婉拒。李仙得不得已跑到福州興師問罪，總督吳棠不勝其煩，指派義勇兵號（Volunteer）供他使用。9月6日李仙得在法國人寶內（Joseph Bernare）陪同下抵達台灣府，翌晨會見吳道台、劉鎮台，宣稱要全程參與、親自見證總督答應的征伐行動。雖然鎮、道一再藉口拖延，但李仙得威脅將向福州打報告，使劉、吳無奈照辦。

李仙得探險恆春半島

李仙得此次探險記，係1867年11月8日呈給美國公使的報告，現存美國國家檔案局——USNA: CD, Amoy, M-100, R-3（〔〕與（）括號內文字係筆者的考據、加註，原文並無）：

〔9月〕10日早上從台灣府出發，我們在隊伍中間位置。[1] 知府〔葉宗元〕很慷慨的提供交通工具給我、寶內、通事〔吳世忠〕，[2] 以及一、二名僕役乘坐，並載運行李、糧食。更榮耀的是，還有8名衛隊走在我前面，在我滯台期間一直隨侍在側〔；轎夫、衛兵待遇不佳，我看可憐，就自掏腰包打點他們〕。[3] 離開台灣府，順著十分窄小的路前進，但對技術純熟的轎夫而言，還是夠大的了。〔10日夜宿阿公店（高雄市岡山區）；[4]〕隔（11）日抵達埤頭（Pitou or Pithau, 鳳山區），一個7,000人的大城，劉〔明燈〕總兵（General Lew）在此舉行閱兵。然而卻毫無進兵的跡象，於是我拜訪將軍要個說辭。他藉口離開府城，道台只給區區〔番銀〕5,000兩，實在不夠；不過答應假如軍餉遲遲不撥足，會想法自行籌湊。求我相信他熱盼執行總督命令的心意，要是有所拖延，該負責的是道台，不能算在他頭上。我不禁再度懷疑總督的智慧，為何將遠征重任交託給這個能力欠佳、卻野心勃勃的人。我認為他完全瞭解總督所下達一定要有我在場、儘速執行的命令，最後他同意無論如何，14日一定出發。

14日早上，道台那裡尚無回音，我們還是出發了，沿著窄路朝東港（Long Kong; Tang Kang; Tung-Kang）前進，沿途搭乘小竹排渡過4條溪流。東港是個小港口，〔從陸路〕不容易接近，但搭船可安全彎靠。主要農作物產品為糖及米。清國實際並未管

1　9月10為陰曆8月13日，係總兵原定南閩營伍的出發日，劉明燈此行會同前署總兵降調北路協副將曾元福，「順道」前往辦理，可不是專程南下，所以難免不符李仙得之意。Le Gendre, Charles W.（李仙得）著，佚名譯，《臺灣番事物產與商務》（台北：臺灣銀行，1960，臺灣文叢第46種），頁88。

2　《臺灣番事物產與商務》，頁82、90。

3　Robert Eskildsen, *Foreign Adventure and the Aborigines of Southern Taiwan, 1867-1874* (Taipei: Institute of Taiwan History, Academia Sinica, 2005), p. 90.

4　Ibid.

轄此城，只不過多多少少照例徵收一點賦稅而已。[5]

　　我們在糖廍（sugar mill）過夜，次（15）日一早即向枋寮（Pangliau）出發，當晚抵達。枋寮位於圓弧形山上，下臨開闊海灣，因此不是一處安全的港口。產品以稻米、花生為主。婦女下田、搗米，男人則全部從事捕魚。距離海岸東方砲彈射程之遙，溪谷高山林立處，全都是山區〔排灣〕原住民的勢力範圍，他們向漢人或混血者抽取部分農產，作為後者永久承租土地的租金。我們在那裡發現離村的人都攜帶武器。[6]

▲大清國旗：三角黃龍旗（1862-1890）

▲大清國旗：黃龍旗（1890-1912）

5 李仙得又拼成Tang Kang；1869年3月4日再訪東港，這時他的閩南語較「練轉」，拼成Tung-Kang，他說：「該地有走私漏稅的鴉片、洋貨，由此港再轉運府城」。參閱Es-kildsen, p. 91；Charles W. Le Gendre, *Reports on Amoy and the Island of Formosa*, p. 37；《臺灣番事物產與商務》，頁19，或Charles W. Le Gendre著；周學普譯〈臺灣〉（台北：臺灣銀行，1963，臺灣研究叢刊第76種），頁165──後3者即〈1869年美國駐廈門領事年度報告〉。

6 此地原只設枋寮口汛，1869年因羅妹號事件，移鳳山縣興隆里巡檢於此。1869年3月初，李仙得再訪枋寮，稱當地為避冬風良港，人口2,000，當地人是他在沿海地區遇過最刁滑卑鄙者，以捕魚、經商為業，並與排灣族交換煙草、山地布：米、鹿角、獸皮、薪炭、麻等物輸往府城。Charles W. Le Gendre, p. 37；〈臺灣〉，頁165；《臺灣番事物產與商務》，頁19；《臺灣對外關係史料》（南投：省文獻會，1997，臺銀臺灣文叢第290種），頁43。

我們仍離目的地頗遠，處於「生番」盤據的高山山麓。前無道路，只有漢人或歐洲人尚未涉足的獵人小徑。[7]時值西南季風期，無法經由海路前往南灣（the southern bay），迫於無奈只得暫時駐紮，前途一片茫茫。幸運的是，隔日劉總兵收到吳道台派人押到的8,000兩番銀（約1萬1千美元），[8]因此對進軍顯得興致勃勃。當時情況有利我冒昧提出建議——這在之前為避免干預，我是不如此作的——我暗示沿山開路並非難事，只需在約40多哩路之間某些路段築路，假如與我方未處於交戰關係的沿途部落沒有干擾的話，那麼4、5天內即可告成。總兵想到如此進行應可脫離困境，立即採納我的想法；況且開了這條路，可以打通半島南北路線，馬上使得原住民無所遁形，而清國官方的統治將可因之伸張。山路必經牡丹社等部落（Bootan or Botan tribes）〔的勢力範圍，他們〕並不反對，於是展開築路行動。[9]

枋寮的單調生活幸有2位英籍小夥子必麒麟（Pickering）、[10]何恩（Holmes）的

---

7 「（八月）十八日（陽曆9月15日）抵枋寮，查詢前途，盡屬番界……且其菁深林密，鳥道羊腸，又多大石嵯峨，礙難下足」。《臺灣番事物產與商務》，頁89。

8 Eskildsen, p.91. 此行包括募民兵、夫價、船價、賞銀等費用，花了「番銀一萬三千四百兩……尚有不敷，業由奴才（劉明燈）就近籌借發給」。《臺灣番事物產與商務》，頁91。

9 由枋寮到柴城至少要經過麻裏巴社、快仔社、外獅頭社（以上獅子鄉）、加芝來社、牡丹社（以上牡丹鄉）等部落的勢力範圍。「將枋寮以下一帶山路，樹則芟之，道則平之，先後就地添募勇丁……分紮各莊，看守堵禦，兼作嚮導。」《臺灣番事物產與商務》，頁89。

10 英格蘭人William A. Pickering（1840-1907），清文獻作北麒麟、必格林，自稱中文姓名是general（劉明燈與曾元福）取的。1862年入福州海關，1863年10月1日之前隨首任淡水海關稅務司滿斯文（William Maxwell）來台，可能在同年10月26日即派往打狗臨時海關，1864年5月初續留正式成立的打狗海關，1865年元旦主持甫成立的安平關，同年12月底辭職；1866年2月入天利行（Mcphail & Co., 他一度誤稱1867年入天利行），翌年年中轉入怡記洋行（Elles & Co.），1870年8月以後返英，在台期間被稱為「台灣通」、原住民的「紅毛親戚」（red-haired relations）。1870-90年任職英國海峽殖民地（the Straits Colony, 新加坡、麻六甲與檳榔嶼）。參閱William Pickering, *Pioneering in Formosa* (London: Hurst & Blackett, 1898; Taipei reprint, SMC, 1993), pp. 6-8, 23, 104, 129, 130, 167-175, 200-201; H. Lamley, "Frontier Days in Formosa," in *Free China Review* (Taipei: June 1992)；中國社會科學院近代史研究所，《近代來華外國人名辭典》

出現，得以排遣。[11]前者我於6個月（按5個月）前，搭美國輪船阿修羅號訪台時曾會晤過，知道他精通各種原住民方言，我〔事先取得他在怡記的老闆同意，〕以人道名義，乞求他與我們前往南端，救出萬一尚存的羅妹號船員，先前曾隨柏爾司令遠征南灣的他一口答應。[12]必氏與何恩為找回韓特夫人的遺體，以及拯救8名在東南海岸發生船難、淪為奴隸的巴士島人（Bashee islanders）──另有2名已被「生番」殺害──來到南灣，正在返程途中。[13]此行花光了英國〔署〕領事賈祿從該國人道救援專款撥出的250元（$250），正面臨山窮水盡的地步。[14]我在能力範圍內，要這些落難的巴士人去見劉總兵，總兵供他們吃住〔9月16日用一艘船〕並派一名嚮導送他們到打狗；劉總兵並應我的要求，將賈祿先付的款項歸墊。〔後來賈祿自己搭乘砲船挑戰者號（*Banterer*）護送巴士人回家。何恩也在同日自行由陸路回打狗，26日他又南下社寮（車城鄉射寮村）去見李仙得與必麒麟，稍後即離開，沒有與他們往見卓杞

11 Holmes為James Horn之誤，蘇格蘭人，中文史料作「康」，原在怡和洋行（Jardine, Matheson & Co.）服務，1867年自稱受韓特夫人親戚委託、來台尋找遺體，獨自搜尋一個多月，毫無所獲，只好找上必麒麟幫忙。2人於8、9月間，在恆春半島奔波一個半月，終於找到殘破不堪的骸骨。何恩稍後離台，1868年再度來台，與住淡水、艋舺的普魯士商人、兼漢堡駐艋舺領事美利士（James Milisch）合作，開發宜蘭大南澳，1869年10月底在一次往返淡水的途中（或稱被迫撤離開墾地時）遭風，船被吹到恆春半島東岸，遇難死亡，留下混血後代。參閱Pickering, pp. 183-193；陳政三〈遇見卓杞篤〉，《歷史月刊》202期，2004年11月號。

12 Pickering, pp. 173-175, 195-196。當年5月間天利行（Mcphail & Co.）已破產；此時必麒麟應已轉到怡記洋行服務。必麒麟用Mcphail & Co.稱天利行，另有人用Macphail & Co.稱之。

13 Pickering, pp. 185-189。巴士島即巴丹群島（Batan Is.），與蘭嶼雅美（達悟）族同宗。巴丹群島最北為Yami島，達悟族可能稱他們來自該島，所以鳥居龍藏才認其自稱雅美族。

14 必麒麟與何恩贖回7名巴士島人時，卓老開價500元，小必還價200，想漁翁得利的漢人出400，氣得小必無奈只好以500元成交。金額單位可能是通行的「番銀」──墨西哥鷹洋。Pickering, p. 188；陳政三〈遇見卓杞篤〉，頁116。

篤〕。**15**

　　必麒麟成功救出巴士島人、尋回韓特夫人遺骸後，表示希望能協助我；由於他對台灣及島民十分瞭解，可以提供寶貴的服務，我也毫不猶疑地接受他的好意。穿越山區的小徑已經築好，22日中午我們從枋寮開拔。同一天，攀越一座高海拔山脈，抵達海岸〔平埔族與漢人〕混血種定居的莿桐腳（Chi-tong-kau, 枋山鄉枋山村）。再登越另座山脈，晚間抵達楓港（Tong-kan or Tang-kang），在該地過夜。**16**已走了路途的一半，除了大自然阻礙之外，沒有遭遇任何困難。大家原先都預期次（23）日來自「生番」的抵抗，也未發生，或與總兵事先派兵防守可能遭受伏擊的地點有關。**17**同日晚間安全抵達琅嶠（Liang-kiau）。**18**

　　琅嶠位於同名海灣的上方〔又叫柴城（車城）〕。港灣不安全，因為抵達的那晚我們看見四艘帆船的殘骸。人口約1,500，大多從事土豆、蕃薯、甘蔗種植，以及捕魚行業，也有人與原住民以物易物。**19**

　　劉總兵先派一名軍官前來〔柴城〕，向百姓說明遠征目的。沿著海岸南方半小時（one-half hour）路程，即抵另一個小港社寮（射寮, Tantiau），官方在該地極不受

15 Pickering, p. 193.

16 拼法有誤：依行程，應已在楓港，又稱風港，1869年李仙得再遊，記為Hong Kang, 稱當地「以出產台灣最好的米聞名，惜產量不多。」Charles W. Le Gendre, p. 37；〈臺灣〉，頁164；《臺灣番事物產與商務》，頁18。

17 劉明燈的奏摺寫得真好：「沿途……附近番社，皆出迎接，並獻雞豚酒米，一概卻之，宣布皇仁，分別賞給番銀、銀牌、羽毛、紅布、料珠等件，各社番俱各歡欣感戴而去」。《臺灣番事物產與商務》，頁89。

18 琅嶠源出排灣族稱車城一帶之名稱，荷蘭音譯為Longkiaw或Lonkiu；明鄭時寫為朗嬌、瑯嶠或琅王喬，1875年設恆春縣城，琅嶠地名才由車城一帶轉至原稱猴洞的恆春。原意有幾種說法：(1)一種蘭科植物；(2)鳥居龍藏稱該地昔稱Bujabujau指鯊魚（Buja）出沒處，與卑南族稱恆春城為「多魚之處」（Vazia Vaziao）相吻合。(3)Riess認為荷蘭人稱該地土著琅嶠人，係琉球一詞的音轉。(4)早期客家人稱之為「墾勾」。不論何種稱呼，皆為排灣語之音譯。

19 1869年3月初，李仙得描述柴城（Chasiang）人口2千，福建人為主，由於與原住民有山產交易，因此地位重要、繁榮。〈臺灣〉，頁164；《臺灣番事物產與商務》，頁18。

尊重。此港位於〔保力溪〕小溪出海口，是個停泊帆船的好所在，事實上是遠征軍船隊用來卸下大砲、彈藥的地方。[20]平原東方近山處，離社寮一小時路程即是保力村（Poliac），住的是廣東省來的客家人，也有原住民雜居；村民承認他們是島嶼最南端琅嶠下18社首領卓杞篤（Tooke-tok）的臣民，同時也自認是大清皇帝的子民。[21]保力是原住民的物品供應中心，可在該地購買到火藥、子彈；那裡也製造極佳的火槍，比清國士兵使用的更先進。

回到海邊再往南行，由社寮及保力出發5小時路程，群山中心、接近南灣中央處，可以找到混血種（half-caste）村落大樹房（To-su-pong），沒有任何清方官吏曾涉足該地，那裡沒有中國（China ends there）。[22]由保力向東海岸及南海岸各拉一條直線，所包括的範圍即是18「番社」（Hwan tribes, eighteen in all）的勢力範圍，共有955名戰士，1,300婦孺，由豬勝束社（the Telassok tribe）頭目領導，組成聯盟。[23]〔豬勝束社以外，〕其中最有名的為：

牡丹社（Bootan）、牡丹中社及禮乃社（Hwan）、加芝來社（Ca-che-li）、高士（仕）佛社（Cu-su-coot）、八磘（瑤）社（Pat-ye-ow）、四林格社（Cheu-a-kiak）、竹社（Duk-se-ah）、麻（貓）仔社（Ba-ah）、[24]文率社（Bomg-hoot）、

---

20 從路程及位於溪口可停泊港判斷，指的就是社寮，拼成Tantiau不正確；1869年他改用Sialiao，其他地名寫法，也有「進步」。Charles W. Le Gendre, p. 28；〈臺灣〉，頁157、158。

21 李仙得稱呼卓杞篤曾使用Tooke-tok , Tau-ke-tok, Tauketok (1867), Tauketok (1869, 1872), Toketok, Tau-ke-tok (1871); House及Davidson則用Tokitok, 都是近似發音。Eskildsen, pp. 119, 122, 140, 163, 166.

22 大樹房或大繡房，今恆春鎮大光里大光路一帶，位於貓鼻頭半島的東側海邊、後壁湖漁港上方、南灣西側，為閩人移民區，顯然有與當地平埔、排灣通婚情形。half-caste可指「熟番」或平埔族，或他們與漢人、排灣通婚之後代。

23 Horn稱：卓杞篤領導的十八社有1,100名攜槍戰士，還有1,500個阿美族奴隸可供差遣。Pickering, p. 190。日軍估計的下十八社兵力，參閱陳政三譯註，《征臺紀事》，頁134。李仙得將Cheu-a-kiak或寫成Chen-a-keak (Eskildsen, p. 281); House則記為Chi-nakai.

24 據House發表於1874年8月17日N.Y. Herald的報導，「Ba-ah位於社寮東邊、竹社南邊的山區中間」，指的應是貓仔社。Douglas L. Fix, "Political Economy on the Hengchun

射麻裏社（Sa-bo-ou）、平埔族（Pe-po）、猴洞社（Kow-lang）、龍鑾社（Ling-miano）、龜仔用社等。**25**

　　劉總兵在琅嶠據有極佳的軍事基地，〔面南的〕右邊為海，〔朝北〕握有通往台灣府的新交通路線。他佔領社寮，並在保力佈署一些大砲、兵力，清軍可經由寬廣的道路朝〔東〕南端攻擊躲在山巔的龜仔用社，將其驅逐入海，不虞有漏網之魚。他不須大批正規軍參戰，事實上原定1,000兵，也只來了500，雖然裝備先進的歐洲〔煙飛〕步槍（〔Enfield〕rifles），仍無法勝任此項任務。當我發表這種評論，總兵說已另徵召受過山地作戰訓練的練勇（country militia）1,500名。**26**我不由得擔心徵召收成季節的民兵，可能不會太用心。還有一項風險是，與「生番」向有交情的練勇恐怕會手下留情，因為彼此互有利益往來，關係比只說不做、光喊口號的官方要牢靠多了。無論如何，以上考量對未來行動必然有所影響。

　　準備進軍事宜、抵達琅嶠之前，劉總兵宣布此行任務：征討殺害美國三桅船羅妹號船員的龜仔用社。這項聲明修正了首次布告內容的錯誤，當初因為消息得自英國駐打狗〔署〕領事賈祿，誤以為羅妹號是英船。這項聲明在前所未有的軍力展示背書下，令混血種印象深刻，也傳到「生番」耳中。無疑地，後者面臨大軍壓境，以及害怕發生戰爭的漢人朋友之勸和壓力，我們抵達琅嶠之日，〔由必麒麟伴隨〕一個漢人及混血種代表團求見，表達對羅妹號船員被殺之懺悔，並承諾如果劉總兵同意和平解決爭端，漢裔頭人願意保證類似情事不再發生。劉總兵知會我這項提議之前，漢人已

Peninsula, 1850-1874,” in「國家與原住民：亞太地區族群歷史研究國際學術研討會」（台北：中研院台史所，2005年11月24-25日），p. 37.

25 Hwan是否指牡丹中社及禮乃社，可能無考；猴洞即平埔；Duk-se-ah可能指外獅頭社，但在上18社。他的分法不夠正確，屠繼善，《恆春縣志》（台北：宗青，1995，臺銀臺灣文叢第75種），頁310-311載，「琅嶠下十八社（今添兩社）：豬勝束社、文率社、龜仔用社、牡丹社（內附爾乃中社大社）、高仕佛社、加芝來社、八姑角阿眉社、射麻裏社、四林格社、八磘社、竹社、上快社、下快社、射不力社（更名善化社，內有五社）、射麻裏阿眉大社、萬里得阿眉社、八磘阿眉社、羅佛阿眉社、麻仔社（內有山頂、山腳之分）、龍鑾社（附大坂埒社）」。

26 劉明燈旗下200名訓練有素的湖南勇，曾隨他在常勝軍戈登（Gordon）指揮下對抗長毛、保衛大上海，配備先進的Enfield步槍；其他民軍則只攜帶火繩槍、長矛。Pickering, p. 195.

先透過必麒麟轉知我了。[27]我坦言根據美國寬大的政策，寧可不要空泛的復仇——它可能成為日後報復的藉口——而能獲得不需再派兵征剿的實惠；不過，我表示不強迫清方接受有違上級命令的解決方案，除非他們自己樂於接受，否則我不會插手。總兵表示如此解決最好，經過多次磋商，我提出下述要求：

1. 我必須會晤卓杞篤與18社頭人，親自接受對方道歉，以及獲得未來不再發生類似情事的保證。

2. 清國當局應取得琅𤩝到大樹房一帶漢人及平埔族如同上述的具結保證。

3. 官方必須要求「生番」退還必麒麟贖回韓特夫人遺骸的款項，另須找回韓特船長尚留在「生番」手中的遺物。

4. 清國須在南灣建立堡壘，作為今後帝國對往來船舶的保障。

大家同意在這項基礎上行事；「生番」的代表團遂著手安排3天內在保力舉行會晤。但在會晤酋長、彼此達成承諾責任、忘掉前嫌的前一天，我覺得雖然官方已經一口答應，但還是應先取得書面同意文件為妙，於是修書〔將上述4項條件再細分為8款〕請其儘速回覆。[28]我認為答應把

▲ 西鄉都督遺跡紀念碑（《臺灣慣習記事史蹟調查》）

---

27 Pickering, pp. 195-197。漢人之所以熱心撮合，乃是為了讓「蝗蟲過境」的清軍趕快退兵，以免遭殃。

28 包括砲台命名為「羅妹砲台」，官員、兵力配備；每有一名西洋船員遇害，以「生番」5人償命；救助漂民者的賞物等。原文逸失，《萬國公報》（7卷，頁34）曾刊載。黃嘉謨，《美國與臺灣》（台北：中研院近代史研究所，1966），頁216、222。

此函面交劉總兵及〔曾元福〕副將，但應代為詳加解釋的譯員沒有盡到責任，時間一天天飛逝，遲無回音。[29]不過卓杞篤及18社頭目在大批護衛伴隨下，已於預定會面的前一晚抵達保力，派人約我明天會晤。另方面將軍們的遲不答覆，不禁令我疑其心懷不軌，因此在與卓杞篤會談前，我更須謹言慎行。我再度通知兩位將軍，在得到他們書面回覆之前，不會和卓杞篤會面，而如此拖延可能壞事。不過還是白試，得到的只是一大堆藉口。

隔天早上，我要必麒麟往見卓杞篤，說明爽約理由。必麒麟〔與台防理番同知（sub-prefect）王文棨同行〕，在保力碰到帶著600名戰士的卓杞篤（雙方初步談到和約條件，小必說他與老卓一見如故，還歃血為盟，結拜成兄弟）。[30]當天2位將軍的答覆仍未下來，再過一天，卓杞篤無法在保力找到適當紮營處，或是他懷疑官方將不利於他們，或不想再空等，遂打道回社。此時劉總兵發現老卓不見了，深覺不妙，宣稱正要發公函回覆我的條件，央求再讓他安排我與酋長的另次會晤。我同意了。3天後，接獲卓杞篤將在出火山（volcano, 恆春鎮山腳里出火）會晤的通知，該地位於距東海岸4哩處，就在「生番」的領土正中心。我們於10月10日一早出發，只有寶內、必麒麟、〔吳世忠等〕3名通事，以及一位嚮導〔綿仔（Mia）〕隨行，沒帶衛士，中午抵達。[31]卓杞篤由一群頭目及約200名男女土著環圍，雙方就在眾人中間席地而坐，沒舉行任何儀式。我方未攜帶武器，對方把槍枝擺在雙膝之間。大家都知道上次我沒會見他們的理由，因此無須解釋，我單刀直入問道為何殺害我同胞？卓杞篤急忙回答：「很久以前，白人幾乎將龜仔用社殘殺殆盡，僅剩3人，以致世世挾怨報仇。

---

29 必麒麟稱當時李仙得住在「社寮漢人庭院搭的帳棚內」；劉明燈則紮營柴城。不過社寮為平埔族居地，應是在社寮隔著保力溪河口北邊對岸的新街，而且可能在張光清住處庭院。Pickering, p. 198；《臺灣番事物產與商務》，頁89-90；陳政三〈遇見卓杞篤〉，頁111。

30 Pickering, p. 197.

31 Eskildsen, p. 165。據Pickering（p. 197）稱：同知（王文棨）也同行；但劉明燈在奏摺稱他於3天後（10月13日）方知此項會晤，未提到王文棨同行。如必麒麟未記錯，該行包括王文棨，那麼應為7加1共8人。《同治甲戌日兵侵臺始末》，「大久保面遞福島領事與番地土人筆談」（頁142）載「綿仔」名字，筆者原將Mia或Miya譯為「彌亞」。他的漢名有「綿仔」、「楊德（竹）清」或「尤德（竹）清」稱法。

由於沒有船可追捕白人，他們只好對上岸的人進行報復。」[32]我提到這麼做將殃及無辜。「我瞭解，」他說，「我也反對這種行為，所以上次想在保力與你會晤，當面致歉。」我再問未來將如何處理類似案件？他答曰：「假如你們想用武力解決，我們必然應戰，後果如何當然就無法保證了；反之，如希望和平解決，則可確保永世太平。」我說我是以朋友身分出席的，此話一出，他馬上把槍擺在一旁。

我又說我們並非銜恨記仇之人，只要往後船難漂民不再被殺，由他保證加以照顧，並轉交給琅嶠漢人的話，一切好商量。他答應了。我進而表示，萬一船員上岸取水或因事登岸，不應受到侵犯、騷擾。這點他也同意。接著我們約定以他認為最佳的紅旗作信號，意圖派員登岸的船隻應該揮動代表友好的旗幟，事先通知他或他的部落。我們把這項列入當天的〔口頭〕和約中。

我提出有點破壞氣氛的設置堡壘乙事，希望建在海灣中央，也就是麥肯吉少校不幸遇難處。不過老卓拒絕，認為將使其部落招致災難：「各安其所吧。假如安插清兵在我族中央，他們又一向聲名狼藉，勢必引起族人憤而肇事。把你的堡壘建在混血種那裡吧，他們不會反對，我們也可滿意。」我同意他的說法，他站起來，說道：「談夠了，也該分手了，不要將如此友善的會晤浪費在言詞上吧，說多了可會反目成仇的！」會面時間45分鐘，我一再提醒他不要忘記承諾。[33]

50歲的卓杞篤，言語簡潔悅耳，相貌親切，表現出剛毅性格，個子不高，稱得上矮小，肩很寬且結實，髮色灰白，精力充沛，有決斷力，前面的髮型與漢人一樣，剃

---

32 E. House 認為歷史文獻顯示17世紀荷蘭來台，佔有全島部份地區時，的確曾屠殺過土著；不過劉明燈奏摺稱「50年前（按1817）龜仔用社遭洋人殺害，僅存樵者二人」。Edward House著，陳政三譯註，《征臺紀事 牡丹社事件始末》，頁26-27；《臺灣番事物產與商務》，頁93。

33 李仙得自稱這次沒有簽約，所以許多人懷疑它的真實性。1869年2月28日李仙得偕同必麒麟、打狗關稅務司滿三得（I. Alexander Man）再度會晤老卓，簽下書面協議，內容如67年約定者。必麒麟則說1867年有簽約，李仙得還與他套招取出左邊玻璃眼珠，甩在談判桌逼喝醉的原住民簽約；對照李仙得1867、69年的報告內容，小必應該把兩次的情節搞混了。而1868年美代理公使衛廉士照會總理衙門函內稱「立有和約各條」，應是老李事後自行整理。Charles W. Le Gendre, pp. 26, 33；〈臺灣〉，頁156、161；《臺灣番事物產與商務》，頁13-14；《臺灣對外關係史料》，頁17；Pickering, pp. 197, 200; Yen, pp. 139-140.

成光溜溜的西瓜皮，後面留著一條12～15吋小髮辮。[34]他的穿著與族人有異，與漢人衣飾更是截然不同。

當天，我們未直接回琅𫊻，而是朝〔返程方向〕左方前進，穿過「生番」及龍巒社（Ling-hwan）的地區，[35]往島西南端〔貓鼻頭半島上的〕大樹房前進，那是我決定建造堡壘的地方。它位於岬角上，離同名的大樹房平埔族小村1哩，可以瞭望海灣各地；我們從該地清楚地看到柏爾將軍遠征隊攻擊路線，也看得到那塊突起的致命粗面巨石——就在麥肯吉少校陣亡附近。眾人對此傷心地充滿哀思，打道回琅𫊻，著手進行趕建堡壘，以及草擬與漢人、混血種間的契約。（總兵已經在10月12日進紮龜鼻山，因此雙方就近進行磋商。[36]

興建堡壘經常成為我與劉總兵嚴重爭論的議題，他不是有條理的反對，反而承認興建後對清方統治有利；只因為他認為總督的命令含糊不清，必須先向福州或北京報告，取得授權才可行事。我無法閒待在此地，可是又迫切需要這座堡壘，理由如下：堡壘可確認清國治權擴張至長期不承認她的化外之地；萬一龜仔用社有天快忘了承諾，堡壘可隨時提醒他們須尊重；最後，也是最重要的是，堡壘可以成為無數漂民的安全避難所。簡而言之，在我堅持下，雙方達成先在我選定的地點興建一座臨時碉堡，清方須架2門大砲，派小隊兵力及100鄉勇駐防。等到他們要我向當局呼籲頒發的明確命令下達到台灣，臨時碉堡應即改建為永久性的堡壘。對此我表示滿意，因為我不認為總督會違反與我的約定；萬一如此，屆時深信可由公使閣下得到指示。

在這裡我須陳述總兵的重然諾，他在（10月14、15號）2天內督導士兵用棕櫚樹幹及沙包圍圍成圓形碉堡，將軍們陪我巡視。雖然沒看到足足100人在堡內，我還是

---

34 1869年，許妥瑪（Thomas Hughes）形容大頭目，「身材高大、壯碩、精力充沛，年約60」。陳政三〈遇見卓杞篤〉（台北：《歷史月刊》202期，2004年11月號），頁115。

35 一般將龍巒社歸為卑南知本社與排灣族混血的斯卡羅族（Suqaro）。鳥居龍藏認為他們不是漢人，也非「生番」，而是雜種的民族，他採集到一個「明鄭士兵定居，與排灣女生下後裔」的傳說，因此命名為Chinese-Paiwan族。楊南郡譯註，《探險台灣》，頁284-285。

36 《臺灣番事物產與商務》，頁90-91，劉明燈於10月12日進紮龜鼻山，14日會晤李仙得。

對不足兵力睜隻眼、閉隻眼；因為他們擺了3門砲，而非原答應的2門，作為補償。臨時碉堡上面有清國軍旗飛揚。**37**

　　事情即將告一段落，總兵把羅妹號的小望遠鏡、航海器具〔代墊贖回韓特夫人的頭顱、鏡子共番銀100元〕交給我，我保管韓特夫人的遺骨，因為小必奉我之命攜帶一面紅旗前去面交卓杞篤。我現下只剩與清國當局共同草擬一份遠征報告了。這些〔報告與契約〕文件，將確立「生番」與琅𤩝灣到大樹房碉堡之間漢人人道關懷的共同責任，這也是整個遠征行動的真正信念。

　　停留到15日，也該離開了。當時還不知道最後離台階段，竟發生不少困擾，更別提擺在眼前的屈辱。當我與2位將軍〔從廈門抵達府城〕下船後，義勇兵輪就開往打狗。等到確定南行，我以公函要求該船指揮官開赴琅𤩝，他老兄答以奉總督之命停泊打狗；10月11日我接到他的快遞，內稱他已久待，我須儘速決定返廈門日期。我置之不理，16日我派翻譯北上打狗，告以任務即將結束，請驅船到社寮搭載，俾免近2個月辛苦之旅後，我還須長途跋涉到打狗，並強調有事我負全責。

　　清軍大隊撤離後，我仍留在大樹房4天。〔10月〕20日，英國砲船挑戰者（Banterer）〔送巴士漂民回〕到巴士島、返廈門途經該地，我在海濱會晤該船船長及英駐打狗〔署〕領事〔賈祿〕。他們詢問進展，我告以此行任務及成果；並婉謝順道載我返打狗的厚意，步行回琅𤩝。才抵達就遇到剛訪問卓杞篤回來的必麒麟，他說受到老卓盛情款待。反之，清方就沒這麼幸運了，他們派人與卓杞篤交涉，希望取得和「承諾保護洋人」同樣，「答應善待落難漢人」的待遇。卓杞篤答以他不想、也不願與官府打交道；代表一再糾纏，表示談談無傷，雙方都有利嘛。卓老說：「要談簡單，我派女兒前去就可以了。」他請小必護送她們到琅𤩝，事後再送回保力朋友處。這2個女孩在〔劉總兵等〕清官面前絲毫未露懼色，拒絕向他們行跪拜禮，大膽放言：「我父善待西洋人係因敬重其勇氣，他親眼目睹對方冒著槍林彈雨、箭矢齊飛，無懼地登山搶攻（暗指麥肯吉少校英勇的行為）；**38** 對方與我父在我們的地盤洽談和

---

37 這裡是龜鼻山營盤。1869年2月底、3月初，李仙得再訪，發現碉堡傾圮荒廢，他表示滿三得、必麒麟都反對設立砲台或設縣治。Charles W. Le Gendre, p. 38；〈臺灣〉，頁165；《臺灣番事物產與商務》，頁26；《臺灣對外關係史料》，頁43。

38 這段話透露卓杞篤極可能督軍對抗美兵的進攻，否則以龜仔甪社區區50戰士的力

約，目的非常清楚。相反的，清官則大不同，我父不想和你們打交道。」[39]傳達這項信息後，她們不願再談，立即與必麒麟回保力。或許是這件芝麻小事，加上翻譯暗中搞鬼，使得總兵對我們的態度幡然大變。除此之外，實在沒有任何其他足以激怒總兵的理由與行為。

21日上午，拜訪幾位將軍道別；次日他們回拜。〔21日〕下午接到翻譯來信，表示他無法說服義勇兵輪開來琅嶠，我們須於25號在她開航〔廈門〕前抵達抵達打狗。

因為總兵只派2頂轎子供我們使用，無法在當天晚上整裝出發；於是決定搭乘總兵派給我們的帆船出發。風力甚佳，可是船老是抓不準風向，光在原地打轉，無法前進，隔（22）日早上又回到社寮。費盡氣力差點連原來的2頂轎子也討不回來，所以小必及僕人必須用走的。寶內往見劉總兵，卻獲告須接受任何可以提供的現成交通工具，不要再囉唆；不過當寶內聽說沒有護衛隨行，立即提醒總兵我有〔左眼〕眼傷，承受不了太突兀的安排。總兵深表遺憾，但這已是他能力所及範圍。我要小必用走的，另派人先到打狗要義勇兵輪停留到我們抵達為止；隔（23）日，跟隨將軍們的大隊出發。我們走得很快，中午來到楓港（Longkong），沒人搭理。[40]下午3點到莿桐腳，正估計晚上可以抵達枋寮當兒，扛轎苦力突然停步，連人帶轎把我們留在街道中央，就揚長而去。傻等一個鐘頭，僕人打聽出總兵當晚要在該地過夜，我要寶內去見總兵；總兵得知苦力累歪了，表示他也不能強迫艱苦賺食人繼續趕路。寶內說要是官方要求，苦力肯定願意趕點路的。不過徒勞無功，在他人屋簷下，只好任其擺佈了。

我們幸運地找到一艘裝載木材的小帆船，先付部分租金租下，不過須等一小時卸貨時間。候船時，發現一位變裝民服軍官命令船東不得搭載我們。船東左右為難，我向他保證絕對無事，他又回心轉意。隔（24）日上午11時，來到東港（Long-kong），[41]風向改變，遂又上岸，從該地步行，午夜抵達打狗。

量，實無法挫敗對方。龜仔甪社兵力參閱陳政三譯註，《征臺紀事》，頁134、257、258。

39 當時劉明燈在場。Charles W. Le Gendre, p. 37；〈臺灣〉，頁164；《臺灣番事物產與商務》，頁25。

40 此處的Longkong指楓港，應是Hong-kan或Hongkong之誤。

41 此處的Longkong指東港，應是Tang Kang或Tung-Kang之誤。

25日登上先前要其等候的義勇兵輪。上了船，船長卻又拒絕開航，我下達明晨開船的強制令。〔25日〕當天賈祿派人捎來通知，內稱有封台灣府重要急件即將送達，他已要求挑戰者砲船延緩一天啓航〔廈門〕，相信我不會反對順道搭乘。我前去拜謝，告以必須立即啓程，無福消受厚意。終於在順風中離港了，卻在毫無事先通知下開到台灣府。除了任憑擺佈外，夫復何言？次晨（27日），風力減小，大海如湖面平靜，我們還在〔安平港〕傻等。最後終於又出發了，不久又灣靠澎湖。簡而言之，我們在〔10月〕26日早上離開打狗，30日下午5時抵達廈門。兩個月前，去程才花18小時。

信末，容我在此提及2位在社會上有地位的紳士，不祈求任何回報，毫不遲疑地伸出援手，幫我達成對我而言是項費力的任務，對他們來說卻充滿危險、艱辛，吃力不討好的挑戰——他們是廣東來的寶內，以及台灣府的必麒麟。今年6月7日（按13日）當麥肯吉少校被「生番」射殺，必麒麟就在他的身旁。

　　耑此　順祝　鈞安

李仙得　敬呈

恭請　美國駐北京公使蒲安臣閣下鈞覽

尾聲

李仙得與卓杞篤共會面3次：1867年10月10日，羅妹號事件和談，達成「口頭和約」；第二次會晤在1869年2月28日，簽訂了「書面和約」，依李仙得云，係卓杞篤甚通漢語的弟弟之建議，應以書面擬妥約定，以便遵循，李仙得乃以英文寫好兩份盟約，他與卓杞篤各得保留一份。

1871年年底發生了琉球漂民屠殺案（「牡丹社事件」肇端），關心台灣的李仙得又於1872年3月4日第三度會晤卓杞篤，此行攜帶了數量龐大的禮物，計有各式各樣的鈕扣7批、各色絲綿24打、縫針20盒、圓形照鏡46面、紅布20幅、傲金鍊條2盒（共40條）、音樂箱2只、火藥24磅、鉛200磅。重點在打聽內情，以及可以讓美國佔領內山、後山的證據。

經過此行，李仙得才瞭解，原來各「番社」間並不和睦，而卓杞篤的聯盟

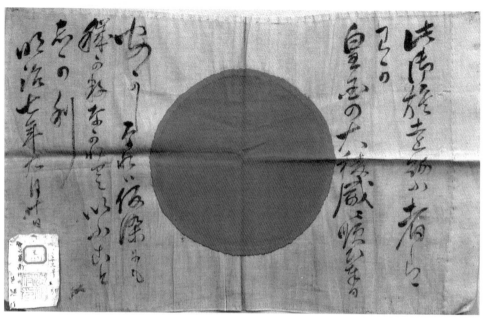

▲牡丹社事件蕃社歸順保護旗（《臺灣史料集成》）

只是一個空有其名的鬆散組織。雖然1867年以後，下18社以救助西洋船難者的實際行動，證明其重然諾。不過卓杞篤控制的範圍畢竟有限，能號令族人，卻無法控制其他部落的行為。事實上，許多社群經常一言不合，就否認他的空頭權威；有些部落，尤其是牡丹社，完全脫離這個因權宜所組成的鬆散聯盟。

根據1873年6月25日撰妥的〈1872年英駐打狗署領事貿易報告〉稱，「約6個月前（按約在1873年初）卓杞篤病卒，由他的姪兒（nephew）叫做卓杞阿（Tok-ket-a）或卓杞拉（Tokela）者，繼承了大頭目，冠上同樣的『卓杞篤』（Tok-ke-tok）頭銜。」1874年5月初，因牡丹社事件登陸社寮的日本軍才獲悉此事。

至於李仙得，由於他對台灣的強硬政策不見容於當時美駐清公使鏤斐迪（Frederick F. Low），因此被調回國，幸好戰時老長官格蘭特將軍已官至總統，保薦他出駐阿根廷公使。但美國務院對李仙得之新職有意見，將之擱置，故而李仙得乃請假半年返美欲為新職奔走，1872年10月底路經日本，與日本外

交部長副島種臣兩度會晤、相見恨晚，同年12月12日向美國政府提出辭呈，從此加入日本政府，躋身高官，推動日本侵台行動，也展開了他下半生另一段多采多姿的冒險生涯。他在1874年7月因協助日本有功，獲賞「二等朝日勳章」（Second Class of Merit, Order of the Rising Sun），是首位獲此殊榮的外國人。1874年「台灣事件」落幕後，辭掉官職，從1874～1890年成為大隈重信立憲改進黨的顧問。61歲（1890）以後出任朝鮮政府的內政（Home Office）、王室（Household Department of the King of Korea）顧問，當時韓國已在日本的掌控之下，而於1899年9月1日因腦溢血（apoplexy）死於漢城，結束了多采多姿的一生，享年70（滿69足歲）。

▲大日本琉球藩民五十四名墓（《臺灣寫真帖》）

▲大日本琉球藩民五十四名墓碑背面文（《臺灣史料集成》）

遇見卓杞篤
——許妥瑪走訪琅𡌧下十八社總頭目卓杞篤

1869（同治八）年11月初，台灣府怡記洋行（Messrs. Elles & Co.）負責人必麒麟（William A. Pickering, 1840～1907或云1912）突然接到通報，云他的好友何恩（James Horn）在恆春東海岸南岬（the South Cape, 今鵝鑾鼻）附近船難失事，他立即與許妥瑪（Thomas F. Hughes）束裝趕往營救；派人前來報訊的是琅𡌧下十八社的總頭目（大股頭人）卓杞篤（Tok-e-Tok）。

為何找上他呢？這牽涉到2年前的美國商船羅妹號（the Rover）事件。該船於1867年3月12日在台灣島南端七星岩失事，船長韓特（J. W. Hunt）偕夫人Mercy G. Bearnom Hunt及船員在南岬登陸，慘遭龜仔用社（Koalut）殺害，

▲年輕時的必麒麟（《Pioneering in Formosa》）

釀成英美砲船攻打該社，以及極大的國際糾紛。餘波盪漾，負責交涉的美國駐廈門領事李仙得將軍（General Charles W. Le Gendre）心生不滿，後投效日本，1874年指導日軍攻打南排灣牡丹、高士佛等社，史稱「牡丹社事件」；另也促

成鵝鑾鼻燈塔的建造，以免類似悲劇的再度發生。

羅妹號失事的消息傳開後，在怡和洋行（Jardine, Matheson & Co.）服務、自稱受韓特夫人親戚委託、來台尋找遺體的蘇格蘭人何恩，在南岬獨自搜尋一個多月，但毫無所獲，只好找上同是蘇格蘭人的台灣通、原住民的「紅毛親戚」（red-haired relation）必麒麟幫忙。2人於當年8、9月間，在恆春半島奔波一個半月，終於找到殘破不堪的骸骨；還透過間接管道，與卓杞篤交涉，救出7名另批失事的巴士群島土著。

何恩的噩耗

何恩達成任務離台，隔年再度來台，與住淡水、艋舺（萬華）的普魯士商人、兼漢堡駐艋舺領事美利士（James Milisch）合作，開發宜蘭大南澳，在一次往返淡水的途中遭風，船被吹到恆春半島東岸，遇難死亡。必麒麟則陪同李仙得於1867年10月10日、69年2月28日，兩度走訪卓杞篤，達成所轄十八社善待西方國家船難漂民的協議；不過，樹大招風，加上1868年11月底的英國軍艦砲轟安平事件，也與他在梧棲港的樟腦交易糾紛有關，使他成了官方的眼中釘，最後被迫於1870年8月間抱病離台，結束他在台灣近7年（1864年初抵台）的傳奇生涯，1898年出版回憶錄《探險老台灣》（*Pioneering in Formosa*），內容雖偶有誇大、記載不詳之處，仍不失為可讀性甚高的讀物。

琅嶠下十八社包含的部落，根據《恆春縣志》（1894年，光緒二十年）內載：「番社向有上十八、下十八之分，今可記者五十有八」。又載「琅嶠下十八社（今添兩社）：豬勝束社、文率社、龜仔角社、牡丹社（內附爾乃中社大社）、高仕佛社、加芝來社、八姑角阿眉社、射麻裏社、四林格社、八磘社、竹社、上快社、下快社、射不力社（更名善化社，內有五社）、射麻裏阿眉大社、萬里得阿眉社、八磘阿眉社、羅佛阿眉社、麻仔社（內有山頂、山腳之分）、龍鑾社（附大坂垺社）」。如據鳥居龍藏在1898年底調查結果，他稱「下蕃社」共有28社，戶數854，人口3,405人，「蕃社」名稱有：「豬仕束、八姑角、姑仔角、蚊蟀、高士佛、牡丹、中社、女奶、加芝來、射麻裏、大社、莉林格、八磯、家新路、牡丹路、巴勞墨（按射不力吧賜墨）、草埔後、

貓仔、快仔、竹社、龍鑾等」。總之，下十八社只是個統稱的集合名詞，並無固定的成員。

必麒麟接獲噩耗，立即邀請從上海到台灣不知是公幹，還是來打獵的海關職員許妥瑪，以及一位可能是漢籍的不知名人氏同行，於1869年11月12日從打狗搭漁船南行，次晨抵風港（Hong-kang, 今屏東枋山鄉楓港村）。

許妥瑪，是位老台灣，後於1870-72年派駐打狗海關，之後轉調廈門，1876-77年再調至打狗海關出任代理稅務司；1865-1902（辛），共服務於大清海關長達37年。他很喜歡到台灣打獵，1874年3月中旬，由廈門駐地到屏東萬金庄狩獵，還碰到美國博物學家史蒂瑞（Joseph Steere）。這次應邀深入蠻荒之地，既可打獵又可探險，一兼二顧，何樂不為？也意外的留下〈走訪琅嶠下十八社總頭目卓杞篤〉（Visit to Tok-e-Tok, Chief of the Eighteen Tribes, Southern Formosa）乙文傳世。

至於何恩的船舶，為什麼會由大南澳遭風吹到恆春半島東岸呢？文獻有不同的記載。清國方面云，1868年5月，英人康（即何恩）與美利士勾結，由前者率2名蘇格蘭人，以及美國人、德國人、西班牙墨西哥人、臥亞葡萄牙人各1名，偕同蘇澳噶瑪蘭平埔族、淡水雇工等，在大南澳占墾，經清國一再的抗議，英普公使才下令2人離去所占之地。「淡水廳志」載：「同治七年，洋人美利士在南澳開墾，謂非中國之地界，力爭而始停墾」。何恩即在離開大南澳時，遇東北狂風，船覆溺斃。

如根據必麒麟簡略的記載，「有次何恩到淡水僱用更多平埔工人，返程的船上載約百人，突遇颱風，帆船翻覆，所有人皆溺斃」。這顯然與他親自營救出18名劫後餘生的漂民相矛盾，不知是他有所隱瞞，亦或晚年回憶錄寫作時隔太久？如據許妥瑪的說法，「何恩由北海岸某處押船至基隆，滿載木材的船突遭狂風，風帆、桅杆俱遭吹毀，被往南吹到豬勝束河（Tui-la-sok River, 港口溪）北方岩岸，觸礁船毀。一陣大浪襲來，不幸將何恩與17名平埔人掃進洶湧無情的海中；其餘的1名馬尼拉人、1名馬來人、16名平埔人則安全的登岸。落水的何恩等人從此失去蹤影，上岸的18名幸運兒沿著海岸（南行），走入卓杞篤的地盤，被寬容的軟禁起來，雖然待遇欠佳」。

　　依據許妥瑪的說法，何恩應已是凶多吉少，為何筆者稱必麒麟可能「有所隱瞞」？法國學者白尚德（Chantel Zheng）於《十九世紀歐洲人在台灣》書中大膽假設，何恩也有可能未死。她引述伊能嘉矩《臺灣文化志》、甘為霖《日治台灣》（*Formosa under the Japanese*）兩書云，上皆記載何恩只是被趕走，未於該次船難死亡。不過，伊能乙書明載「何恩亦成為遇難者之一」；甘氏乙書只提及何恩被迫離開，未涉及是否獲救。倒是她提出當時英國領事館定期的英僑死亡名單中，沒有何恩的名字這一點，容有少許的想像空間。

　　不過，何恩如果已經決定聽命放棄墾地，那麼獲救應該不是極機密，必、許2人實無隱瞞的必要。除非如2人所云，何恩仍積極的招募工人、運送木材，這顯示他實無撤離的意願與跡象，但不幸船難發生，讓英、普、清三國官方大鬆一口氣，於是歷史就被寫成「他乖乖的聽話離開、溺斃；金主美利士投資失敗，導致後來破產離台」。如是這種情況，且他又未遭溺斃，仍想留在台灣發展，才有可能與必、許串通，故意放出他已死亡的消息。

沿途的見聞

　　必麒麟、許妥瑪等一行3人，於11月13日早上抵達風港。許妥瑪對此地的印象是，「風港是漢人定居的散村，村民賴捕魚、山產交易維生。他們與附近混血、純種土著和睦相處，由山裡用牛車運來的山產有木材、鹿茸、鹿腱，大部分外銷。所產不多的稻米又大又白，據說比島上其他地方產的更佳」。

　　他們僱用幾名當地的苦力，由風港步行出發，沿著海岸邊山麓叢林、長草區，走向南方17多公里外的柴城（Chia-siang，車城）。左方是原始森林覆蓋的牡丹路山、加芝來山、里龍山、蚊罩山、石門山連成的中央山脈最南端，右方則是一望無際的大海。「途中，我們穿過一處密林，據稱內有多種野獸」，許妥瑪念念不忘任何可以狩獵的機會，「山區土著經常在附近打獵，偶而潛伏林內等候倒楣的過客，不管基於什麼理由，逮到機會就出其不意的襲擊馘首」。他們經過的途徑，沿途有引爆1874年「牡丹社事件」、1875年「獅頭社事件」的南排灣族強悍部落。

　　許妥瑪對琅𤩝（Loong-kiao，恆春）半島上，守信純樸的原住民與「詭詐貪

婪」的客家人之間的衝突，有如下的看法，「兩造之間經常發生械鬥，毫無妥協的餘地，官方權力無法介入情況下，以牙還牙是惟一的仲裁法則。當戰爭發生，常有人喪命，損失的一方必然展開報復，另方不甘心，再度反擊，使得整個地區經常處在紛擾的狀態。所以從風港伴隨我們的苦力，都是全副武裝」。

隨日軍來台、採訪「牡丹社事件」的《紐約前鋒報》（*the N.Y. Herald*）記者豪士（Edward House），在《征臺紀事》（*The Japanese Expedition to Formosa*）評述雙方衝突的本質，「漢人的貪得無厭，相對於原住民的與世無爭，更是彼此本質上最大的差異點。如撇開不論原住民的殘酷、無知，即便漢人擁有較高的文明，但原住民具有較高水平的純真天性。原住民一旦對你不爽，會公開宣示他們的敵意；漢人卻往往笑裡藏刀，來陰的。原住民大致言出必行，遵守信用，一旦答應某事，必定堅守；漢人則很難說」。

早期客家人大都居住丘陵地區，與原住民交界，關係時好時壞。和平相處時，彼此以物易物；撕破臉時，拔刀相向。德約翰（陶德，John Dodd）在〈北台樟腦產地印象〉（Extracts from old notes on the camphor districts in North Formosa）說明雙方生存空間爭奪戰的情形，「山區拓墾者以客家人為主，有時候可以與溫和的部落達成『和親契約』，通常由漢人每年提供一些米、鹽、豬、火藥或火繩鎗等民生必需品，加上1、2罈米釀『三酒』（Samshu）——（泰雅）原住民稱作『噴尼葉克‧苦‧夏』（Poon-niek ku Tsiah），意為『燒酒』（Firewater），以換取原住民同意漢人在某些地區可以伐木、燒炭、煉腦、獵鹿及墾荒。等到漢人在墾地站穩，往往將和親契約丟在腦後，於是原住民以出草、獵首表達他們的不滿。和親破裂，爭端再起，漢人聚眾圍攻原住民部落；反之原住民偷襲農舍、腦寮。雙方通常不殺俘虜，尤其是女性戰俘。等到彼此互有死傷，僵持不下，再重修舊好……有時原住民太頑強抵抗，漢人就放火燒山，將他們趕出家園……另有一種比放火燒山更邪惡的是，漢人設下鴻門宴，假意邀請原住民到平常以物易物所在的鎗櫃，準備熱騰騰的白米飯、香噴噴的烤豬肉、烤鹿肉、大罈燒酒，大家大碗喝酒、大口吃肉，酒酣耳熱之際，有的原住民戰士開始唱歌，有的抽煙；有的甚至拔出番刀，大跳戰舞。等客人大半醉倒，狡獪而清醒的主人開始向神智不清的戰士施加壓力，要求他們

讓出墾地，先好言婉勸，再惡言相向，加上威脅、謾罵交雜，如果不答應，埋伏的漢人持刀出現，一陣砍殺。倖存的戰士逃回部落，全社磨亮『拉簍』（La Loa——小鐵刀），誓言報復。但這終歸是一場不公平的戰爭。漢人早就備妥武器、人員，各處瞭望台全天候監視著原住民的一舉一動，等待對方自投羅網」。

許妥瑪一行步出林區，來到柴城附近，發現不管是犁田的農夫，或放牛的牧童，都隨身攜帶火繩槍、長矛、弓箭等武器，「即便在離鎮不遠的地方，由於缺乏足夠的保護，勤勞的漢人墾荒者仍戒慎恐懼，使得農地仍處於尚未大量開發的狀態。柴城有時又被稱作琅嶠，是個半圍磚牆的城鎮，住著約在二個世紀前移民的福佬後代。附近的平埔族經常到此鎮交易，街上擺滿各式各樣的火槍、鐵刀、繡花夾克、刺繡袋子、銀絲腰帶等洋貨、漢貨及土貨」。

「琅嶠」乙詞源出排灣族稱西海岸柴城一帶之名稱，荷蘭音譯為Longkiaw或Lonkjou，明鄭時寫為琅嶠、朗嶠、瑯嶠或瑯嬌，到1875年設恆春縣城，地名才由稱柴城一帶轉至原稱猴洞的恆春。它的原意有幾種說法：(1)一種蘭科植物名；(2)鳥居龍藏稱其老地名Bujabujau，為鯊魚（Buja）出沒之處。這與卑南族稱恆春城為「多魚之處」（Vazia Vaziao）相吻合。(3)李斯（Ludwig Riess）認為係「琉球」一詞的轉音。早期客家人則稱之為「壟勾」。不論是那一種稱呼，皆為排灣語之音譯。

柴城附近的琅嶠灣可避東北季風，是冬季船舶停靠地，排灣人稱之為龜壁灣，漢人稱為魚房港或柴城灣，西洋早期的地圖寫作Expedition Bay（探險灣），1867年夏秋李仙得初次到訪時，尚可停泊大船；但1869年2月再度路過，退潮時海灘竟堆滿沙丘，已無法灣靠大船。

「來到柴城南方幾華里處，琅嶠灣岸邊風景秀麗的社寮村（Hia-liao，射寮），受到此行最熱情的招待，主人恰巧是卓杞篤的老朋友，他還派兒子當我們的嚮導。再往南，大部分村子住的也是漢人」。

社寮位於保力溪入海口，溪口有2村，溪北是福佬住的新街，溪南是平埔人住的社寮。兩村的頭人皆與李仙得、卓杞篤熟識，從許妥瑪的寫法，可判定

他們當晚下榻於新街；如是，主人應為曾當過李仙得、樺山資紀、水野遵嚮導的張光清。張氏於咸豐初年（1851）入墾新街，另在龜山三家厝、恆春龍泉水（龍水里）等地皆擁有田宅；1874年牡丹社事件，曾協助過日軍。必麒麟當然與他熟識，所以才會投宿他家，而他也才願意派兒子當嚮導。

▲樺山資紀（《臺灣史與樺山大將》）

▲水野遵（《臺灣史與樺山大將》）

11月14日早上，由張光清的兒子帶路，先南行至猴洞東方出火山（volcano,恆春鎮山腳里出火）附近，再轉東行至豬𦛨束社（屏東縣滿州鄉里德村）。沿途盡是未開墾的土地，景色壯觀，芭蕉、野松、竹林，以及不知名的植物，洋溢著熱帶氣息，隨處可見的檳榔樹頂著金穗花冠，亭亭玉立於路旁。偶爾經過竹林環圍的野村，周邊種植一些玉米、甘藷等作物；但越靠近原住民的地盤，景象就越來越荒涼，「小村屋內尚稱乾淨，擺設差強人意，村民很好客，不但邀我們進屋休息，而且端出食物茶水招待。有趣的是，越深入山區，漢人的外貌特徵就越不明顯，尤其女人更顯著，她們從社寮開始，就越來越沒有純種漢人的外觀特徵。而不管是外表或態度，皆因漢、原的混血，使得男人顯得更誠

實、更勇敢、更慷慨，女人則更美麗、自然、高貴」。

　　李仙得由長相發現，射麻裏社（Sawali, 屏東縣滿洲鄉永靖村）及迤南土著必曾互通婚姻；豪士曾目睹社寮平埔頭目的孫子迎娶排灣新娘的場景，還被邀鬧洞房，他也發現，「類似這種內山馬來裔原住民與靠海岸居民間的異族通婚在此地極為普遍。這裡的人告訴我，內山的原住民婦女被允許與漢族通婚，即使兩族的男人老死不相往來。而如果彼此通婚、混血的情形由來已久，那麼彼此間仍存有如此互不信任與憎恨的程度，倒是挺令人吃驚的」。

　　傍晚他們已來到可眺望太平洋之處，不再有農作物，整片一望無際的大草原儘是琅𤩝部落的獵場，卓杞篤住的山谷也隱約在望。四周高峰山頂蓋滿原始森林，「據說上面有很多野鹿，以及其他數目龐大的野獸」，許妥瑪仍心繫著狩獵的樂趣。他們經過出火山，油氣迸出地表，引發火光與瓦斯噴出奇景，有商業眼光的許氏認為，「從噴出的頻率看來，這裡存在另一個未被開發的財礦。」出火山即是二年前李仙得、必麒麟與卓杞篤等十八社頭目第一次會面、訂下口頭友好合約的地方。想必好吹噓的必氏，應該不會放過再次猛誇自己的機會。

卓杞篤盛情款待

　　一行於14日傍晚抵達卓杞篤住處，「是座以茅草、竹枝蓋頂，泥磚為壁的一層樓建物。入口設有固定於屋簷及地面、防風吹日曬的竹簾，形成離壁三呎的夾層通道。屋內隔成6房，中間比其他地方略高數呎，沒有天花板，除了入口處垂掛一些野獸的頭骨，可說毫無裝飾，一點也看不出任何代表權威的象徵，真不敢相信我們是在下十八社總頭目的家裡」。

　　許妥瑪這段描述，應是首次、也可能是唯一一次，有人記載大頭目生前的住屋陳設。即便李仙得將軍於1869年2月28日，第二次與卓杞篤會面時，仍只是在射麻裏社頭目一色（Isa）的住處，可能當時卓老尚不完全信任這位獨眼龍將軍。1872年3月4日，李仙得第3次會晤老卓，雖在後者家中，但對內部擺設指點出有漢式床鋪，其他無所著末。如以擺設比較，卓杞篤顯然生活簡樸、勤儉持家，據李仙得觀察，「一色屋內椅、桌皆漢人所為。有一幅清國圖畫，繪

數美人手彈琵琶，裝飾華麗。」再比較1897年伊能嘉矩走訪卓杞篤後代潘萬金（Vankim）、潘文杰（Vunki）住處，「他們家中桌椅、用具，都是仿照上等漢人的傢俱製作成的」。

不過，他們撲個空，卓杞篤剛巧外出調解糾紛，大部分的社人也打獵去了。於是他們被帶到囚禁漂民的地方，「乍見我們，這群可憐的難民顯露狂喜，這已足以彌補長途跋涉的辛苦。毫無疑問的，經過15天的留滯，我們的到來終於讓他們看到一線曙光，以及幾乎是盡早獲釋的預兆」。

如果15天的說法正確，那麼漂民是在10月31日被囚；他們可能上岸躲藏幾天，或當天即被發現、軟禁。依此推論，船難應發生於1869年10月31日，或稍早幾天的10月底。而非如達飛聲（J. Davidson）、卡靈頓（G. Carrington）所說的11月3日離開大南澳遭風；或部分中文文獻所稱的最後期限（4日）始撤離。至於營救的年份，有1870或1871的說法，但必麒麟於1870年8月間（稍後）離台、返英，之後未再來台；許妥瑪雖未寫出年代，但從文中看得出是接獲通報即立刻趕往，所以確為1869年11月中旬前往營救。

他們見過十八位漂民，正待折返大頭目家，2、3名醉醺醺的龜仔角社人出現在囚屋現場，直衝他們過來，該社正是屠殺羅妹號船員的首犯。其中一位滿臉橫肉的人突然抓狂，拔出配刀胡亂奔跑揮舞，口吐白沫、不斷發出狂吼，最後把刀插進地上。「土著部落間對獵取人頭的看法不盡相同，我們顯然成了醉漢的目標，離開時有他在腳後跟尾隨表演戰舞，實在談不上特別舒服。我們故作鎮靜，鼓起勇氣回頭一瞧，媽媽咪呀！那漢子正要拔弓射箭，幸好被可能是他婆娘的女人勸阻。土著的脾氣浮躁善變，尤其酒後，我們可是從鬼門關繞了一圈回來；但之後直到離開，他們對我們十分親切，尤其那狂人更是顯得友善」。這段敘述透露漂民可能囚禁於龜仔用社，而當時豬勝束、射麻裏等社已放棄馘首惡習，但南方的龜仔角，北方的牡丹、高士佛等社則尚視出草取人頭為勇士的象徵。

回到卓杞篤住處，晚飯早已備妥，「卓家婦女端出鹿肉、豬肉、可口的白米飯，加上甘藷蒸餾出的三酒（samshoo）擺滿一桌。我被嚇了一跳，倒不是因為豐盛的菜餚，而是她們自然流露的態度與真摯的情感，口中不停地抱歉菜色

簡慢、招待不周的話語。一群閒雜人擠在門口欣賞我們進食，但馬上被斥不懂禮貌遭趕走」。

　　如果許妥瑪知道以前外賓吃的菜色，一定更加受寵若驚。69年卓老請李仙得、必麒麟「飯、水、豬肉三品」，客人還得自備燒酒。如跟卓的後輩請日軍吃的飯相比，也毫不遜色，1874年5月，日軍赤松則良少將與美國傭兵克沙勒（D. Cassel）、瓦生（J. Wasson），記者豪士等人，與一色、潘文杰（可能是卓老的女婿）第一次會面後，吃到「豬肉、豬內臟、三酒、茶水」；同年八月，小卓杞篤（朱雷‧卓杞篤或寫為主類‧土給，可能是卓老的兒子）請統帥西鄉從道中將，當然得用特餐，也不過是「鹽汁豬肉、鹿肉乾、鳳梨、甘藷飯、燒酒、煙草、檳榔」。由吃飯端出的菜色，看得出當時雙方關係的好壞。

▲排灣族舂米（《台灣蕃族圖譜》）

　　漢化較深的部分下十八社人吃米飯，但較北的排灣部落「重粟（小米）輕米」，不但自己不吃，而且祭期期間，嚴禁外人帶米入社。日治初期，森丑之助在北排灣古樓社即碰到這種情形，他表示鄒族和布農族也有類似的想法與做法。

飯後，眾人蹲坐在一齊抽煙聊天，客人透過翻譯表示想聽主人唱歌，「他們毫不猶疑地扯開嗓子放聲高唱，連唱幾首小調歌曲，聲音自然，有點單調低沉，間雜幽雅、悲傷的旋律。音樂有抒解土著胸懷的魔力，曾像老虎一樣凶暴的『草地聲樂家』（rude vocalists），此時此刻陶醉於繆司的情懷裡，像煞乖巧的小孩。」

許妥瑪被卓杞篤族人熱情的招待所感動，認為這些外界誤會野蠻的土著是群獨特的人，「他們兼有善與惡的特質。善的特質全是與生俱來，因為這些特質在常與他們接觸的客家人身上，並不明顯；惡的特質則是不好的環境影響了他們」。

▲森丑之助（陳政三翻拍）

他並非「吃人嘴軟」，但未進一步解釋「善的特質」是什麼。森丑之助的看法或可稍作補充，他認為台灣原住民有純情、獨立自主、尚武精神三大崇高品行。前二者視為「崇高」殆無疑意；「尚武」看在漢人後代眼裡，恐怕心中嘀咕、且不以為然。但森氏指的是，有他們的存在，因此阻止漢人大量湧入山區濫伐森林，濫墾土地，得以保全大自然。遺憾的是，森氏因立場、飯碗關係，未記載日本總督府更大規模的「理番」和開發政策，這或許是他鬱卒離台、縱入海中自殺的原因之一吧？

原住民的形象

許妥瑪引述19世紀英國生物學家赫胥黎（Thomas Huxley, 他的孫子Aldous Huxley是20世紀著名小說家）的看法，「在原始世界，人的本能衝動並非愛其鄰居，而是吃掉對方」。但許氏並不認為原住民是食人族，而且已朝更開化、更文明的方向進化。豪士也持相同的看法，但他們2人只觀察到較開化的南排灣部落；德約翰的觀察就與前二者不同，「如果被獵首的漢人與野蠻人有仇，原住民就煮熟仇人之頭，吃其燉腦洩恨，據說比燉爛的嬰兒肉好吃」。而漢人也好不到哪裡，達飛聲描述19世紀清治末期劉銘傳攻打大嵙崁原住民時，漢人吃「生番

肉」情形：「漢人迷信原住民的血肉可固精補陽，常分而食之，或賣給富豪、高官。其中尤以腎、肝、心臟最受歡迎。1891年，原住民的肉與豬肉同價，公開在大岞崁販賣，甚至有出口到廈門販賣者」。

許妥瑪認為土著因生存競爭關係，擁有比漢人占優勢的體格，他指的當不是身高，因為據金關丈夫的研究（1936-49），排灣族男子平均高157.6公分，在所有的族群排行倒數第三，比最高的福佬矮9.1，比客家人低5.6公分。「男人身材直挺、壯碩、有活力；女人接近完美的大地之母型塑。遺憾的是，沒有醫生及較進步醫藥的照顧，形成適者生存的現象」。

▲金關丈夫（陳政三翻拍）

他發現南排灣受到漢人影響，男人髮型頭頂剃光、後留豬尾巴辮子（pig-tail），而且喜在耳朵穿上大洞，然後插入木棍或貝殼當裝飾。女人則將她們長髮梳成混雜漢、歐式的改良髮型。「男人上身穿刺繡緊身夾克，下圍鑲邊短腰布，僅僅圍住半個腰身、下只及大腿的一半。女子衣服合宜，著重在展示曼妙的身材」。許氏形容的恐怕是大頭目家人的穿著，而且是有客人時的迎賓服吧？

據李仙得觀察，排灣下十八社「男女皆穿耳」；另據鳥居龍藏之記載「下蕃社（按琅嶠下十八社）男子都辮髮，耳朵上掛著大耳環；但上蕃社（琅嶠上十八社）的男子不這麼做」。可見穿耳有地區性，下十八社的排灣族還因此被漢人、日人稱做「大耳人」。

百多年前，排灣族平常穿著，男人在夏天上身赤裸，下身僅著丁字帶護陰；女性上裸而下圍布裙，不穿內褲。冬天則上身加衣或披布。而愈漢化的部落，則衣物愈多。所以在光緒十二年（1886）恆春知縣武頌揚與副將張兆連稟呈台灣府的公文上載有：「恆邑番社雖經歸化，各頭人到官，每多不著衣褲，只用短布遮圍下身，未免不成禮節；應請酌發衣褲，轉領穿著」。

豪士發現，「東岸原住民此時的穿著與赴社寮日軍軍營時的盛裝相比，相當的簡單，不只沒有華麗的飾物，而且簡樸到幾乎沒穿」。據20多年後的森丑之助研究排灣人不穿上衣的理由是，「他們怕把衣服弄得又髒又濕，所以行走山路時皆赤裸上身。我到山區旅行，常看到離漢人村莊不遠處，土著才穿上衣服進到街市」。

▲盛裝排灣婦女（Report on the Control of the Aborigines in Formosa, 1911）

台灣土著和馬來與玻里尼西亞民族一樣，不管男女老少，都愛嚼檳榔，人們見面，第一件事就是拿出檳榔互請。許妥瑪對這種由搖籃到墳墓的南島特殊文化頗表不解，「吃的人恐怕也說不出嚼檳榔的好處在哪裡，據云可增加唾液分泌，降低口腔溫度、減少排汗；又稱可清潔口腔、保護牙齒，使口氣芳香等，好處多多。但吃者嘴唇、牙齒變紅，雖不符歐洲審美標準，但在他們眼裡卻是時髦的裝飾」。

他未提是否吃了主人請的檳榔，但不吃可是很不禮貌的行為。豪士說明他

的親身經歷，「對方敬的檳榔，可千萬不能拒絕。有次我嚼了一粒，足足咀嚼半小時之久，也嚼不出特別的味道。檳榔最普遍的吃法是將之剖開，塞進石灰，再包上葉子，吃起來類似鹿啼草果實（Checkerberry），但除可吐出紅色檳榔汁，嚼個老半天，實在搞不懂所為何來？我就只試過一次，打死我再也不吃了」。

檳榔文化流風所及，恆春人迄今仍有一句口頭禪：「有成嘸成，檳榔菸走在前」。「恆春縣志」也述及：「婚姻大事，及平時客至，皆以檳榔為禮」。事實上，檳榔也是當時南部原住民、漢人敬客之物。即便現在，較傳統之婚宴送客時，新娘捧的禮盤中，往往也有檳榔。至於風靡全台紅唇族的「檳榔西施」，更不在話下。

順利救出漂民

11月15日早上，卓杞篤返社，接見必麒麟、許妥瑪，許氏形容大頭目，「他身材高大、壯碩、精力充沛，年約60」。2年前的李仙得如何下筆呢？「卓杞篤約50歲，言語簡潔悅耳，相貌親切，表現出剛毅性格，個子不高，稱得上矮小，肩很寬而結實，髮色灰白，精力充沛，有決斷力，髮型與漢人一樣，留著豬尾巴。」很有意思的對照，才差兩年，年紀就大不同。身高方面，卓老不但未「老倒縮」，而且「長高了」；這透露2位觀察者都是以自己的標準來衡量，也就是說，許妥瑪八九不離十是位矮個子；反之，李將軍則身材高大，或至少不矮。這是僅有的兩篇對卓杞篤特徵的描寫，可惜必麒麟在這方面未加任何著墨。

會談開始前，1名老女祭師手捧一杯三酒進屋，讓與會每人啜飲，然後她就嘴巴念念有詞，進行驅逐惡靈儀式。卓杞篤由幾位長老陪同，雙方直接切入贖人金額，「大頭目只要求一些錢，以彌補漂民停留期間的食宿招待費用。由於金額不大，我們保證只要他仍繼續善待漂民，稍後將有信使帶錢來贖人。」許氏未透露贖金金額。1867年，必麒麟與何恩贖回7名巴士島人時，卓老開價500元，小必還價200，想漁翁得利的漢人出400，氣得小必無奈只好以500成交。

雙方交易順利達成，卓杞篤硬留歸心似箭的客人吃頓餞行飯，被肢解得肢

▲必麒麟著作1898版本封面

離破碎的野獸肉迅速端上，「我們被請到唯一的桌椅處，卓杞篤與屬下排成兩行蹲在地上。他們還拿出以往掠奪來的銀叉子、銀湯匙供我們使用……最後好不容易擺脫主人盛情的挽留，先帶回那位馬尼拉漂民，部落人陪走好長一段路，待我們即將消失在他們眼裡，一陣狂野的吼叫傳來，算是最後的道別聲」。

他們回到打狗，將消息告知清國地方官署，官方立刻派員攜帶贖金前往，贖回尚留置的17名漂民。這些漂民先被帶到台灣府，然後自行設法返回北方的宜蘭老家。整個事件終告一段落，許妥瑪也為後人留下珍貴的寫實紀錄。

後來的中文文獻未再提到卓老。1874年5月6日～7月16日來台的豪士發現他剛過世不久，而且可能也非外界想像的擁有號召所有琅𡰣下十八社的權威，「曾被尊稱為琅𡰣下十八社首領的老卓杞篤，實際上也只不過是豬勝束社這個小部落的頭人而已。他之所以擁有這樣的虛名，乃是龜仔角人肇禍，引起外力入侵時，他所展現出的危機處理能力，因而獲得其他社的尊敬……老卓杞篤生前在下十八社的統治權威並不像外界想像中的那麼穩固，凶悍的牡丹社似乎從未真正的聽命於他的號令。當時被稱為『聯盟』（confederacy）的組織，只不過是突發事件的臨時權宜結合，並非有組織的常態結盟」。19世紀80年代的鵝鑾鼻燈塔守護員泰勒（George Taylor）云，「卓杞篤喝酒過量而死」。

尋人啟事
──搶救多馬先生‧搶救船難水手

早期台灣地處東南亞經中國大陸沿海到日本、美國的必經要道，由於，夏季颱風、冬季東北季風，加上黑水溝海象惡劣，各國船舶經常在台灣沿岸、澎湖群島失事，使得台灣附近海域，有「船難鬼門關」的惡名。

船難鬼門關

1848年（道光二十八年）10月18日，一艘屬於顛地洋行（Dent & Co., 或譯作甸德洋行）運送鴉片的快船水鬼號（*Kelpie*）從香港開出，航向上海，從此

▲顛地洋行香港總部（《The Chater Collection》）

下落不明，謠傳途經台灣海峽遭遇風浪失事，船上殘存的海員、旅客已漂流至
台島某地，淪為野蠻人的奴隸。旅客中包括美國人奈多馬（Thomas Nye）、英
國人史多馬（Thomas Smith）的家屬，始終未放棄營救親人的機會，除了自行
或僱人來台訪尋外，而且一再要求美英有關單位派遣兵船、幹員至台灣搜索，
尤以奈多馬在廣東從事茶葉、鴉片貿易的兄弟奈吉登（Gideon Nye, Jr.）、奈
可門（Clement Nye）、奈野沃（Edward Nye），更是大力奔走，促成多批美
英軍艦來台勘查，也使得奈氏兄弟洋行（Nye Brothers & Co.）對台灣產生興
趣，於1855年（咸豐五年）6月，和另兩家美商威廉士洋行（William, Anthon &
Co.）、魯濱內洋行（W. M. Robinet & Co.）合作，與台灣道裕鐸簽訂祕約，取
得了獨佔南台的貿易及使用打狗港（今高雄）的特權。相對的，美商必須提供
砲船，對抗海盜的侵犯。自此，美國國旗在打狗海邊飄揚了年餘，使得當時猖
獗的海賊望旗披靡，不敢對附近的海域稍有染指之意。

▲1860年代打狗港怡記洋行（W. Pickering）

1849年8月（達飛聲-James Davidson誤指該船失事於1855年），美國商船狐狸精號（*Coquette*）在巴士海峽一帶遭遇颱風，從此下落不明，傳說可能漂至南台沿岸，船員已被內山土著拘留，淪為奴工。同年9月13日，一艘國籍不詳、滿載茶葉的薩拉·特洛曼號（*Sarah Trottman*）在澎湖附近海面失事。

拉篷特號的故事

1850年（道光三十年）9月12日晚間，英國商船拉篷特號（*Larpent*）在台灣東南海岸觸礁，船上31人從此被列為失蹤人口；直到次年5月4日，英國砲船羚羊號（*Antelope*）意外地在恆春半島琅嶠灣（車城灣）救起在當地漢人協助下，搭小船向他們求援的3位拉篷特號船員貝利斯（Alexander Berries）、布列克（William Blake）、希爾（James Hill）。

1851年（咸豐元年）5月4日，英籍商船拉篷特號（*Larpent*）遭恆春半島居民囚禁的3位殘存英國船員——貝利斯（Alexander Berries）、布列克（William Blake）、希爾（James Hill）——成功地逃出，冒著岸邊射來的槍彈，搭上一艘小船出海，逃上剛巧在琅嶠灣（車城灣）的英國砲船羚羊號（*Antelope*）。他們被接上砲船，但有損西方誠信的是，小船上的船夫尚未收到逃生者事先答應支付的酬勞，就被水兵驅離。獲救人員被護送到上海，由領事阿禮國（Rutherford Alcock, 1865-71升任駐清公使）記錄他們的宣誓證詞。

恆春半島的白奴

1851年5月號《中國文庫報》（*Chinese Repository*）披露船難白人遭屠殺、奴役的情形：[1]

---

1 Chang, Hsiu-jung（張秀蓉）, edited, *A Chronology of 19th Century Writings on Formosa* (Taipei: Ts'ao Yung-ho Foundation for Culture and Education（財團法人曹永和文教基金會）; Taipei: SMC, 2008), pp. 170-173; James W. Davidson, *The Island of Formosa, Past and Present* (Yokohama: Kelly & Walsh, 1903), pp. 112-113.

「拉篷特號是李多馬（Thomas Ripley）的船隻，1850年5月18日由吉爾森船長（Captain Gilson）指揮，離開英國利物浦（Liverpool）航往上海。116天後的9月12日下午5時左右，開抵福爾摩沙南端東方60英里的小島紅頭嶼（Botel Tobago, 蘭嶼）海面，轉成順東北風、航向福爾摩沙。船隻搶風行駛至晚上9點20分，船首直直撞上臺灣本島陸地，因為很接近岸邊，所以船員可由飛伸三角帆斜桅（flying jib-boom）爬上岸。船觸礁時時速4-5海浬（knots, 1海浬≒1,853.2公尺），四副（fourth mate）卜蘭德（Mr. Bland）正在值班；他後來告訴搭小船逃生的人，說他曾到船尾艙房（quarter-deck）向船長報告前面即是陸地。而從睡在前面水手艙（forecastle）吊床裡的生還者口中得知，他們因船身撞擊被驚醒，衝到甲板發現已是一片紛亂。值夜者跑到轉帆索（braces）處倒拉已經破碎的橫桿桅桁（tore yard），將船脫離礁石。可是隨即發現船已撞損，急速進水，船員急忙取來抽水機。這時船已離岸邊1.5哩，而湧進艙內的海水又快又猛，於是放棄抽水，放下小船。最先下水的小艇（jolly boat）船舷處馬上破洞，隨後放下登陸艇（launch）及右舷（starboard）小救生船（quarter-boat, a life-boat），並在艇上放置糧食、幾把短劍、一些火藥，但卻忘了帶子彈。他們約在〔13日〕凌晨2點半登上登陸艇，船長、大副及6名船員搭救生船，二副、三副、四副及20水手乘〔較大的〕登陸艇。[2]海浪平靜，他們一邊劃開，一邊目視大船沉沒，根據船長的懷錶，當時為凌晨3點半；黎明時分，2船駛靠〔恆春半島東南〕岸邊，全員登陸。

不久出現4位在地人走下海灘，他們不是漢人，而是附近排灣部落的原住民，企圖搶奪船員財物，船員〔倉促離開只攜帶火槍、火藥，卻忘了子彈，只好〕以刀劍抵抗，擊退意圖劫掠的土著。吉爾森船長深恐土著再度來襲，命令兩船駛離，大家一起沿海岸緩慢向南劃行，直到下午3點，登陸艇上人員呼喊〔救生船上的〕船長，說船進水過多，須8人全力掏水，〔因划槳人手不夠，〕無法前進。船長回曰必須盡力而為，假如他們願意，可以想辦法駛往西邊約80-90英里的西班牙殖民地〔菲律賓〕或半島西邊的風（楓）港（Hongkong）才能脫險。登陸艇人員回說目前船況不佳，無法冒險一試。船長答應待在他們旁邊，直到修復為止。

入夜，〔修復的〕登陸艇駛離，次晨根據二副估計，已經〔繞著恆春半島南端〕

---

2 這段描述，全船似乎共有31人；但原文稿全船30人。

BOAT WITH SILLIBABOOS, PICKED UP BY THE SOUTHAMPTON.

▲西里伯斯漂民《American Expedition to Japan》

航行約94英里，不過未見救生船跟來。〔14日上午〕登陸艇在琅嶠灣圓錐點（Sugar-loaf Point, 可能指屏東車城鄉射寮村龜山或恆春鎮西北頭溝及四溝里大平頂）附近登陸，把船拉上岸修理並生火煮食。不多時，林間突然射出火繩槍彈，當場數人中彈死傷，9人泅水逃生，土著（natives）划竹排緊追在後。二副顧咧飛（Mr. Griffiths）泳技欠佳，又爬回岸邊，遭到攻擊、馘首。貝利斯（Alexander Berries）與一名叫哈理森（George Harrison）的同伴，不吃不喝藏匿在一塊海邊巨石後面兩天。木匠布列克（William Blake）及學徒希爾（James Hill）結伴逃往另一方向。前二者因受不了飢餓，冒險上岸，不久立刻被一群約50名拿著火槍的土著團團圍住，幸好未開槍。2位婦女拿布條給赤身裸體的他們包住私處，1名老人帶他們回家〔軟禁〕。3天後，哈理森偷乘竹排，逃到岸邊不遠處一艘漢人舢板船求救，反被船上的人殺死。

　　貝利斯留在保護者家中4個月，被住在5英里外一位叫溪仔（Kenah）的漢人以6銀元買走，同住到被送上羚羊號為止。他從溪仔口中得知，布列克與希爾起初逃到某漢

▲竹排

人村庄討水喝、被留置，一段時間後又被送往離海岸8英里處的山腳（San Sianah, 按又稱山下，地點可能有兩處：位於車城鄉保力村四重溪南，保力山西麓；或恆春鎮街東方的山腳里）內地。溪仔帶貝利斯到山腳時，途中曾見過那2位受難同伴。溪仔願意無條件釋放貝利斯；但布列克及希爾的主人卻不肯放人，於是他們與貝利斯一起逃到山腳，受到當地客家村總理或庄長之類的某地方頭人（mandarin）殷勤接待。但布列克及希爾的女主人跟蹤而至，索回他們，頭人付女主人開價的14銀元了事。不久，英國砲船羚羊號來到琅嶠灣海面巡航岸邊；3人利誘頭人，於是頭人派兒子及4名手下用小船把他們送上羚羊號。但搭救者被誤作海盜，不但未拿到報酬，反被水兵粗魯地驅離。」

　　拘禁期間，貝利斯4、5次試圖逃上英國船，有次差點接近飛翔荷蘭人號（*Flying Dutchman*），但因風勢太大而告失敗。阿姆斯壯（Armstrong, 按布列克）及希爾聽說搭救生船的船長曾到過他們最初被拘留的村庄討水喝，但後來即下落不明；3人都不確定其他僚友是否全被殺害，他們是登陸艇3位僅有的倖存者。他們已學會足夠瞭解土著交談內容的方言，不過從不曾聽說有其他人獲救。

屏東半島大角頭

▲伯駕（中山大學孫逸仙紀念醫院網站）

　　拉篷特號3位船員，遭拘留近8個月獲救的故事，經伯駕（Peter Parker）在廣州創辦的《中國文庫報》（*Chinese Repository*）於1851年5月號披露後，立刻轟動全球航海界，也揭露了神秘的福爾摩沙內山真面目，更為先前船難事件的航員、旅客之家屬帶來一線希望。英國首先採取行動，於同年5月底或6月間派遣火蜥蜴號（Salamander）軍艦前往南台海面搜索拉篷特號尚失蹤的船員，並獎賞曾照顧、協助3位英國船員脫險的地方人士；為此，上海外僑募集865美元支援此項行動。

　　1875年3-4月間，李麻牧師（Rev. Hugh Ritchie）搭船赴臺東佈道傳教，返程在靠近南灣的港口停泊，碰到一位會說幾句英語單字的賴姓漢人（a Chinaman...whose name is Lai），後者恰是收留布列克及希爾的家庭之子。賴姓男子說，布列克及希爾是

在脫險約1年後再度造訪，艦長給收留家庭120元作謝禮，並囑咐他們有機會要多救助漂民，另有好處。時隔24-25年（賴記為約20年前），有關布列克及希爾搭乘火蜥蜴號（*Salamander*）再訪時間，當有誤差。[3]

　　時任英駐廈門領事的巴夏禮（Harry Parkes, 後出任駐日、駐清公使）也曾另行前往。巴夏禮到了拉篷特號失事的恆春半島東岸及獲救的琅嶠灣訪查，並拜訪家住枋寮鄉內寮庄的半島大頭人Le Wanchang。美方資料把這位大頭人寫為Lin Van-chang或Ban-chiang，《中國文庫報》寫為Ban-chiang，魯濱內（William Robinet）稱他Bunching，郇和（Robert Swinhoe）則記為Bancheang。他即是閩籍的林萬掌，道光年間率家族從水底寮（枋寮鄉天時、地利、人和村）移居內寮，以「林萬記」墾號擁有枋寮沿山一帶的大小租權，在內寮設公館收租，並經營糖廍、碾製花生油等生意。根據盧德嘉編輯的《鳳山縣採訪冊》（1894），咸豐三年（1853）陽曆8、9月間林萬掌曾收容「林恭事件」的主犯林恭、林芳兄弟，官兵拿他無可奈何；後來衡量情勢、加上友人勸說，又犯將林恭等人擒獻官府。據魯濱內云，「萬掌娶酋長的女兒」，郇和也謂，「萬掌娶番婦」。林家號稱「三代為義首」，擁有龐大的私人武力，與官方亦敵亦友，後者對

▲巴夏禮（《The Chater Collection》）

---

3 Hugh Ritchie, "Notes of a journey in East Formosa," *The Chinese Recorder and Missionary Journal*, 6 (1875): pp. 210-211。R. Swinhoe, "Additional Notes on Formosa," in *Proceedings of the Royal Geographical Society of London*, 10 (1866), p. 127稱收容的是客家村。

之敬畏三分。依據巴夏禮、歐祥、郇和等人的描述，萬掌的勢力似乎遍及整個恆春半島。[4]

　　巴夏禮訪察的結果，認為不管是台灣地方官吏或大部分的漢人，都不能相信其能盡心盡力協助被留置的失事漂民，當他詢問大頭人林萬掌，為何知情下未幫助3人儘早獲釋？林答曰：「我要等他們學會部落語言，能區別那一部落對其友善，那一部落是殺害漂民的兇手。而且發生謀殺案附近的居民也深恐如果釋放3人，會招來軍艦對島南居民無區別的報復大屠殺。」

　　廣州美商奈吉登因上述英船員脫險歸來，而重新燃起營救可能仍被拘留在台島某處的奈多馬的新希望，不斷用口頭及書面要求美國駐清全權代表伯駕設法向清國當局反映，並商派美國兵艦前往台灣搜尋，假如美政府不便負擔經費，他願負擔僱請隨行通譯的費用。51年6月中旬，美國軍艦馬里翁號（*Marrion*）巡航海面，一度在台灣西北擱淺，只見附近居民扶老攜幼，牽引牛車，推出小船，準備趁該船破碎後大撈一筆。水兵無計可施，只好將過重的砲彈丟下海，才使兵船脫險。這件事加深了美國駐清單位對台灣人的不佳觀感，加上美駐香港領事浦士（F.T. Bush）探知拉篷特號生還船員曾聽過歐美漂民遭羈留台島的傳說，其中一位已留滯島上多年的洋人之名字，甚且與失蹤的幾位美國人姓名近似。於是伯駕乃於6月27日、7月7日兩度函請美國駐東印度及中國海艦隊司令哇克（W.S. Walker）派遣兵船前赴台灣勘察，除了探尋可能的美國漂民外，函中強調，「對於台灣沿岸航路、各處港口略圖、港口附近煤礦、島上物產與貿易，居民人口、性格等資料亦應密切蒐集，備供他日之用。」

　　哇克起初同意伯駕的建議，但因英國火蜥蜴號已經前往，結果毫無所獲，而且英方認為「目前毫無另行赴台調查的必要」；加上美國東印度及中國海艦

4　George W. Carrington, *Foreigners in Formosa, 1841~1874* (San Francisco: Chinese Material Center, 1978), pp. 135, 137, 144-146; Robert Swinhoe, "Notes on the Ethnology of Formosa," in *Natives of Formosa, British Reports of the Taiwan Indigenous People*, 1650-1950 (Taipei: 順益臺灣原住民博物館，2001), p. 66；盧德嘉，《鳳山縣采訪冊》（臺北：宗青，1995，臺銀臺灣文叢第73種），頁411、416；陳政三，《翱翔福爾摩沙　英國外交官郇和晚清臺灣紀行》（臺北：台灣書房，2008），頁32-33。

隊只有四艘兵艦，實在撥不出多餘的船舶前往台灣，於是暫時擱置原議。伯駕仍不死心，一方面再請哇克優予考慮其建議，另方面下令美駐廈門領事卑列利（Charles W. Bradley）物色熟悉台島的可靠商人，前往台灣各口及內山訪查，如果能夠取得被拘美國漂民的信件，可付予300至500銀元的優渥報酬。卑列利認為僱請漢裔商人恐走漏消息，於是遴選叫Ou Siang（歐祥？）的華裔人士擔當這件訪查重任，有稱歐祥是美國教會華裔傳教士，也有人認為他是教徒或商人。據卑列利於7月25日函覆伯駕內載，「歐祥原籍嘉應州，老實謹慎，辦事牢靠，精通官話、客語、閩南語。」同日，他發出給歐祥的指示，概以「應儘速前往東港地方，先與林萬掌（Lin Van-chang）及曾救助拉蓬特號船員之人聯繫、合作，探尋目前是否有洋人被羈。先在南部內山一帶展開搜索，再沿西部海岸北行，巡視各主要港口，並儘可能深入內地訪察。沿岸調查如遇美國兵船，應即面報執行任務經過，並執行船長可能發出的命令。萬一發現任何洋人遭羈，必須尋求機會與其會晤，將所攜通告函件面交，並取得他們的親筆回信。此行一切務須保密，免遭官方懷疑、破壞。」卑列利提到的「通告函」，係其分別用英、法、荷蘭、西班牙文書寫的「告歐美漂民書」，交由歐祥帶往台灣備用。

歐祥偽裝成一位從事藥物買賣的商人，於1851年8月8日從廈門出發，8月11日抵達東港，當晚颱風來襲，所搭船隻遭風沉沒，他帶的財物損失殆盡，但仍想辦法繼續行程。他發現港口官兵奉令嚴密盤查上岸的洋人，或可能替洋鬼子工作的漢人，一有發現嫌犯立即逮捕。某位負責的軍官居然對歐祥說，他知道歐祥的來歷與目的，但出於不明的原因，卻未逮捕歐祥。歐祥離開東港，先到東南方的枋寮鄉內寮拜訪林萬掌，「他是地方要人，也是促使拉蓬特號船員獲釋的主要功臣。不過他認為目前應該沒有洋人遭到囚禁，因為大家都已知道懸賞的高額獎金，如有，早就交出來領賞了。他斷言對整個半島瞭如指掌，不可能不知道遭囚漂民的存在。他還說台灣府（台南）官員曾為了他協助拉蓬特號船員，命令他到府城問話，但被他悍然拒絕了；其他人可沒這膽子，乖乖地前去應訊，最後賄賂守衛才能逃回來。」

林萬掌表示幾年前他曾用物品與原住民交換「一隻錶，一具小望遠鏡，一

具六分儀」，但因不知其功用，所以把這些洋玩意送給某位對之愛不釋手的官員了。沒想到七年後，1858年6月當英艦剛強號（*Inflexible*）訪問台灣時，林萬掌卻對布魯克船長（E.W. Brooker）及通譯郇和（Robert Swinhoe）否認曾擁有這些東西；消息傳到歐祥耳裡，他氣得冒火，揚言願與萬掌對質。當然，此事無關緊要，最後不了了之。萬掌當時還說東南海岸，另曾有艘洋船也在拉篷特號觸礁地點失事，但他警告歐祥，那裡的土著十分凶殘，最好小心為妙。

揮別林萬掌，歐祥南下琅𤩝灣（車城灣）龜山附近，發現當地「生番」雖僅6、70人，但卻有出草的習尚，他甚至在登陸地點發現一具失事戎克帆船船員的無頭屍體。之後，轉往北北東方的內山訪察，繼而上行至府城北方60華里的蚊港（嘉義東石鄉塭港村）、再北方30里的笨港（雲林北港、嘉義新港一帶），都聽說1849年間，曾有兩起歐洲商船在澎湖海面失事的傳聞。於是他搭船到澎湖，探知1849年4月，以及9月13日，確有洋船遭風觸礁的事故，後者是艘滿載茶葉之船，推測可能即是薩拉·特洛曼號。他由馬公轉至台灣府，但無所獲，於9月4日返抵廈門，向美領事報告訪台經過。雖然此行成果不大，但卑列利與伯駕對歐祥的表現都讚不絕口，伯駕9月26日向國務院的報告中，特別讚許歐祥，「像他執行本任務所表現出的熱心、機智、堅持，在漢人中實在百不得一」。[5]

由於奈吉登不斷向美國政府申訴，加上對台灣逐漸產生興趣的伯駕也連續反映，美國海軍部於1852～53年間，曾三次訓令駐東印度及中國海艦隊酌派兵船赴台勘察，也促成往後多次派船來台搜尋的結果。1852年11月27日，美國新任艦隊司令奧立克（John H. Aulick）遵照海軍部指示，下令旗下普里茅斯號（*Plymouth*）軍艦前往台灣、巴士海峽、呂宋群島一帶巡航，要求該艦船長凱利（John Kelly）先到台灣東西部兩岸、紅頭嶼（蘭嶼）查詢過去3、4年內，是否有49年8月失蹤的狐狸精號或其他歐美船隻失事的消息，如發現歐美漂民流落

---

5 歐祥訪臺過程，參閱*George Carrington, Foreigners in Formosa, 1841~1874* (San Francisco: Chinese Material Center, 1978), pp. 137-138；黃嘉謨，《美國與臺灣》（中研院近代史研究所，1966），頁50-51。

島上或遭強迫拘留，應儘可能設法救出。另外，也應蒐集台灣島民的習性、島上相關資訊供參。普里茅斯號於12月間來台，但並未發現任何洋人遭留置的消息。

培理提督的分遣艦隊

　　繼1853年「黑船事件」，美國中國海、日本海遠東特遣艦隊司令培理（Mathew C. Perry）打破日本鎖國政策後，次年3月他又率艦進入江戶灣，逼迫日本幕府簽定神奈川條約，開放下田、箱館二港予美國船舶，准許派領事駐下田，開啟日本不平等條約之嚆矢。培理達成上述東來的首要任務後，立刻執行海軍部交付他的次要任務——派船艦赴台灣沿海搜尋可能的美國漂民；不過他自行加了順便勘察雞籠（1875年改名基隆）煤礦、港灣的任務。

　　1854年6月29日，美國砲船馬其頓號（*Macedonian*）、運輸艦補給號（*Supply*）從下田港出發，暴風狂襲，海面波濤

▲培理提督（W. Blakeney）

洶湧，隔天，辛克萊少校（Lieut. Commander Arthur Sinclair）的補給號即行蹤不明，直到7月21日才在雞籠港現身。阿波特上校（Captain Joel Abbot）率領的馬其頓號，於7月10日黃昏航經彭佳嶼、花瓶嶼、棉花嶼，發現北方三島附近潛

藏暗潮，不利航行。隨船的鍾士牧師（Rev. George Jones）事後向培理提督提出的〈福爾摩沙煤區訪察報告〉（Reporting on the Visit to the Coal Regions of the Island of Formosa），內文用Agincourt Island, Pinnacle Is., Craig Is.稱呼該三島，顯然推翻安倍明義《台灣地名研究》乙書稱的，「三島之英文名，係1866年3月由英國海蛇號（*Serpent*）軍艦布洛克船長（Capt. Charles J. Bullock）命名」之說法。

▲1854年美國培理艦隊抵達日本沿海（《American Expedition to Japan》）

7月11日至23日在雞籠的詳細活動，請參閱本書收錄的〈老地圖‧小故事‧說台灣〉乙文。

尋人方面，初抵雞籠，阿波特即帶著華裔廚子當翻譯，親自訪查官員、各階層百姓，詢問是否曾聽說洋船在附近遇難的事件，以及島上是否有洋人遭滯留之消息，得到的答案都是毫無所悉。《美國遠征日本》（*American Expedition to Japan*）（1856）乙書，有如下記載：**6**

　　阿波特上校透過華裔廚子翻譯，多次親自訪查，但無法獲得任何消息；雖然遍詢雞籠各地官員，也察探各階層百姓，得到的答案都是對歐美船舶遇難，以及島上是否有西洋水手遭滯留事毫無所悉。因此，阿波特上校在致艦隊司令官培理的報告斷言「他不相信島上有任何失蹤的國人遭拘留」。

　　達飛聲批評阿波特尋訪歐美漂民的行動草率，「船長的疏忽已達到足夠科以刑責的的程度」。離開雞籠，阿波特原想順著西海岸，沿途察訪漂民的消息，但才離港不久，氣候逆轉，海象險惡，颱風襲擊北台，馬其頓號掃到颱風尾，被迫儘速南行，開往馬尼拉處理兩位美僑遭謀殺案，順便送回上年8月美艦南安普敦號（*Southampton*）救起的6名西里伯斯漂民（Sillibaboos）。次年下半年，阿波特接任駐東印度及中國海艦隊司令，不過沒有作大官的命，同年底即病死香港。

　　培理提督根據上述報告，向美國政府建議應即早在台灣採取行動，建立殖民地或居留地，成為發展遠東商務的中心。他列舉取台灣的條件與優點：

　　(1) 該島僅名義上隸屬大清領土，實則大部分仍由獨立的「生番」掌控，山區盛產礦物、木材、藥材等。

　　(2) 島上漢人、原住民人口200萬餘，糧食自給自足，尚可供養更多人口。而且漢人勤勞著稱，勞工來源不缺。

---

6 原書有1856年Francis L. Hawks編輯的2種版本，一為2冊的紐約版、一為3冊的華府版，書名皆為*Narrative of the Expedition of an American Squadron to the China Seas and Japan, performed in the years 1852, 1853, and 1854, under the Command of Commodore M. C. Perry, United States Navy, by order of the Government of the United States*。除了「尋人」，主要是探勘基隆煤礦，該行留下許多英文地名典故。可參閱原書訪臺部分；或本書收錄的〈老地圖・小故事・説臺灣〉。

(3) 美國只須支付少許的經費，即可從清國取得土地及包括煤礦開採特權的讓渡，往後只要經常派遣一、二艘兵艦巡弋台灣，無需仰賴華府，就可建立一處繁榮的美國人社區，增進本國在遠東的海上商業利益；待基礎穩固，再擴大殖民的範圍。

(4) 台灣位於清國沿海主要商港對面，控制出入孔道，位置就如古巴之於美國南部海港一樣，如買下雞籠成立殖民地，建立海軍基地，不但可控制中國海，也必定受到飽嚐海盜侵襲的當地人士歡迎。另可開放該港成為國際港口，達到各國利益均沾，自然不會遭到歐洲列強的反對。國人自可引進機器開採煤礦、增加農地生產。

1855年，原來支持培理構想的總統斐爾摩（Millard Fillmore）卸職，新任總統皮爾斯（Franklin Pierce）未採納培理的計畫，該議遂束之高閣。但培理並非倡議奪台的第一位美國人，在他之前，有位在遠東經商失敗的紐約客貝利斯（Townsend Harris），1853年爭取美國駐廣州、香港領事職位不果；轉向培理申請加入遠征日本行列遭拒；復再毛遂自薦，想擔任廣州、上海領事，也無下文；乃至澳門，閉門苦讀各國有關台灣的著作。1854年3月24日，從沒來過台灣的貝利斯向當時國務卿馬西（William Marcy）提出取得台灣的詳細計畫，從地理條件、軍事觀點、天然資源、政治與社會因素，分析向大清帝國購買台灣的必要性及優越性，與培理稍後提出的構想雷同，後者可能參考了前者的文件。國務院將他洋洋灑灑的建議案以「密件」存參。貝利斯轉而爭取新設的駐日本下田領事職，國務院對他關心國事的「愛國」行動印象深刻，遂先派其出任駐寧波領事，但他嫌低不就，趕回美國活動。次年，終於派他為首任駐日本總領事；1857年，美國將駐清、駐日的「全權代表」（commissioner）改為「公使」（minister），他又被派為首任駐日公使，仍兼總領事，是近代孜孜汲汲、千里求官的成功範例。

尋找小鯨號

1854年9月底，美國砲船小鯨號（Porpoise）在澎湖海面失蹤；次年初，委請赴台灣西岸探勘的英艦薩拉森號（Saracen）船長李洽賜（John Richards）順

道查訪小鯨號下落。薩拉森號於3月間巡弋西岸，遍查後斷定小鯨號沒有漂到台灣的可能。雖然未找到人船下落，但可能在此行，（或是安倍明義的「1848年」說法？），於打狗（高雄）標下Saracen Hill（旗後山）的地名。

1855年，2月1日美國北太平洋探勘特遣艦隊的三桅帆船庫伯號（*Fenimore Cooper*），2月2日砲輪韓考克號（*John Hancock*）相繼駛入雞籠港探勘煤礦，未獲地方官之合作，乃自僱嚮導勘察，購得優良煤炭2噸；5日，兩艦離港轉往東岸6天，勘測海圖，由於風浪過大，韓考克號必須拖曳拋錨的庫伯號，無法調查沿岸及島嶼，最後匆匆由台灣南端航往香港，收穫不大。韓考克號船長史蒂文斯（H. K. Stevens）建議應於天候良好的季節再至東岸勘察，如找不到其他港口，那麼可避東北季風的蘇澳港就顯得更重要了。資料未顯示他們是否兼負蒐索小鯨號下落的任務。

同年3月26日，史蒂文斯再率韓考克號先至澎湖，張貼懸賞協搜小鯨號的布告；29日轉往台灣西岸，為暴風所阻無法上岸，轉向南駛；30日抵琉球嶼，順便更正海圖，再航至枋寮灣訪查；31日，避風停泊琅嶠灣，發現附近的漢人、平埔人經常與山區排灣族衝突。4月2日，繞恆春半島，由東岸北上，沿途勘察至北緯22度22分，當時叫巴塱衛，今為台東大武的地方。船長派上尉哈伯夏（Lieut. Alexander Habersham）帶幾位水兵上岸偵查，該村男子發現外人闖入，刀、矛、弓箭、火繩槍全部出籠，待來者表示善意，這才罷手。村民全為客家人，似乎與山區的排灣族和平共處，可惜隨行的漢裔僕人會說北京、廣東、上海話，但就是不會客語，與村民無法溝通，因此不能得到更多的消息。哈伯夏等人原想進入山區，漢人力阻，警告會被戴耳環的土著砍掉頭顱，這才作罷。但有位不怕死的水兵哈特曼（Hartman），卻獨自深入山區獵鷸，來到山頭一處可眺望太平洋的巨岩上，正一面休息一面欣賞碧海藍天，3名排灣土著神不知鬼不覺地出現背後。水兵雖有刀槍在手，但心想強龍不壓地頭蛇，何況對方又是三頭蛇，靈機一動，居然掏出一枚墨西哥鷹洋與土著換取弓箭、刀矛，土著就是喜愛亮晶晶的玩意，滿心歡喜的完成這項「以物易物」買賣。水兵拿著紀念品，一溜煙地狂奔下山，回到村裡才鬆口氣，不忘向同伴吹噓冒險故事，他說土著顴骨高大，古銅的膚色猶如印地安人。甘為霖牧師（Rev. William Campbell）稱哈特曼可能是繼1771年倍勇斯基（M. A. Benyowsky）訪問東岸之後，首位與東岸原住民接觸的西方人。

　　離開巴塱衛，又遇到狂風巨浪，只好駛離海岸。4月4日，風浪稍息，韓考克號停靠花蓮溪口（今吉安鄉仁和村），發現溪口附近山谷，居民稠密，一間間小石屋林立，有著整齊、乾淨的庭院，上覆草皮，種滿水果，四周墾地廣大，哈伯夏猜測一定是那些尚未被土著吃掉的漢人流犯的村落，但無人敢登岸，只遠遠的從望遠鏡觀察。稍後，船艦沿溪口探查迤南20英里倍勇斯基筆下的黃金海岸，終未發現小鯨號蹤影。這樣的距離，顯然未到達倍勇斯基率領的聖彼得聖保羅號第一次登陸的北緯23度22分，也就是今台東長濱鄉水母丁溪出海口。韓考克號未再沿東岸北上，隨即趕赴琉球與其他軍艦會合。

美國佔領台灣的提議

　　1856年12月，伯駕與清國談判修約、駐使北京、擴大美商貿易區等問題不順利，居然受到賴吉登的慫恿向國務院提議，「假如清國不允許美英法三國代表到北京談判，那就由法國佔領朝鮮，英國再佔舟山群島，美國則佔台灣」。1857年2月7日，香港發行的《中國之友報》（The Friend of China）刊出「1855年冬，一艘美船在台灣島南失事，據云船員登岸遭殺害，可能即是失蹤已久的加州快船飛鳥號（*High-flyer*）」。因太平天國事件影響，1856年宣告奈氏兄弟洋行

▲英駐清公使兼駐港總督包令（《The Chater Collections》）

破產的奈吉登，此時已出任美駐澳門副領事，讀到此則報導，立即致函駐節澳門的伯駕，建議轉促駐東印度及中國海艦隊司令奄師大郎（James Armstrong）派兵艦到台灣東南地區，與殺人不眨眼的「生番」交涉，為了人道及商業利益著想，如能佔領該區更佳。奈氏認為，「台島東南及紅頭嶼位於清國與加州航道之間，也是上海與廣州航線必經之地，應由美國佔領、保護。假如政府同意，我可募集一批志同道合的人員，進行該區殖民化工作」。

伯駕除了將奈吉登的建議照轉予國務院參考外，另曾多次力促奄師大郎派兵艦佔領台灣，作為屢次談判、對大清要求不遂的報復。1857年3月間，在台灣有商業利益的魯濱內應伯駕的要求，抄送美商於1855年6月27日與當時台灣道裕鐸簽訂的貿易密約，他並力倡「美國政府在台建立殖民地；或協助美國公民自行成立台灣獨立政府」的構想。伯駕看到魯濱內的提議，大喜，照轉國務院參考，並加註、強調可行性極高。沒想到同時間，英國駐香港海軍司令西摩（Michael Seymour）因為查詢去年在香港市面出現，上刻Smith家徽，據說屬於8年多前水鬼號英籍乘客史多馬的戒指，找上人在香港的魯濱內，探詢台灣的資訊，並要求允許一名英國軍官赴打狗美商居留地駐紮，從事調查工作。魯濱內不敢答應，推說考慮後再覆，旋即向伯駕、奄師大郎反映。伯駕獲知大為不樂，向英駐清公使兼駐港總督包令（John Bowring）提出嚴重抗議，提醒英國有關美國早在台灣已有的的商業利益，以及美國國旗已在打狗懸掛一年以上的事實。奄師大郎與伯駕商妥，從1857年4月起派遣陸戰隊上尉辛時（Captain John Simms）率兵長駐打狗港8個月，一方面尋找失事的船舶、漂民，另方面升掛美國國旗，展示國力，打狗儼然成了美國的「准殖民地」。但伯駕於同年8月去職返美；新任，也是首任美駐清公使列威廉（William Reed）到職，他對台政策與前任完全不同：加上1858年下半魯濱內破產，逃至南美被債權人押回香港，判刑18個月，導致美商逐漸撤出台灣，而由英商進駐的結果。

平埔與高山原住民的「紅毛親戚」情懷

　　1863年8月郇和（Robert Swinhoe）發表〈福爾摩沙人種學筆記〉（Notes on the Ethnology of Formosa），[1]敘述當時福爾摩沙島人種係由馬來血統（the Malay）未開化的原住民，以及蒙古血統（the Mongol type）已開化的漢人殖民者所構成。

　　蘭嶼（Botel Tobago）住著馬來原住民，「我們對該族所知不多，只知道人口不多，他們『沒有船舶或獨木舟』（have no boats or canoes），以粗耕及捕魚維生，住在圓木搭建的小屋（log hut），衣著簡單。」

　　火燒島（Sama-sana, 綠島）住民「與琉球人（the Loochooans）有關，主要來自不遠的八重山島群（Madjicosima group）。」

紅毛後裔──新港社平埔族？

　　郇和在文中提到，1861年7月至12月（實際為7月至9月，之後赴廈門養病）短期駐紮台灣府（Taiwanfoo, 今台南市）期間，曾聽當地人說「城內有一些荷蘭人與『黑鬼』（black men）的墳墓，不過找不到墓碑加以佐證。」他也聽過打狗猴山（Ape's Hill, 高雄壽山）幾位英國籍船長提及，「台灣府北方住著一群使用羅馬字母，自稱為荷蘭後裔的族群。」

　　郇和聽後，自然好奇，急於想看看這群混血兒（hybridism）長成什麼樣子。有天早上，一名外表長得完全像漢人的軍官來訪，「他說祖先是荷蘭紅毛人（a red-haired man（Dutchman）），國姓爺鄭成功攻佔台灣之後（Kosinga's

---

1　Robert Swinhoe, "Notes on the Ethnology of Formosa," in William Campbell, *Formosa under the Dutch*, pp. 551-557 & Henrietta Harrison, edited, *Native of Formosa, British Reports of the Taiwan Indigenous People, 1650-1950*, pp. 62-78.

time），留下的三千荷蘭兵之一，大家都剃光了頭，宣示效忠大明（the Chinese）。軍官還說，他住的新港社（Sinkang, 台南市新市區永就里、社內里）主要由這些荷蘭紅毛兵的後代所組成，位於北門外北方10英里處，村民仍保存荷蘭祖先的衣物及文件；新港社北方與南方各有一座類似村社，住著同樣的紅毛後裔，其他族人則與漢人通婚，已經散居不同的地方了。」

新港社這位軍官「三千荷蘭兵留在台灣生根」的說法，可能因為時間的關係，不但失真且誇大。因為1660年9月范德蘭（Jan van der Laan）奉命從巴達維亞城（今雅加達）帶來台灣的兵力有600，加上原駐大員熱蘭遮城（安

▲似乎帶有外國血統的太魯閣族紋額美女（仲摩照久《日本地理大系臺灣篇》）

平古堡旁）的900兵，共1,500名兵力。1661年8月12日，喀游（Jacob Caeuw）率抵大員海面的援兵有725名。不計戰鬥傷亡，總數也不過2,200多名。9月中旬荷蘭反攻、大敗，損失慘重；根據《巴達維亞城日記》，9月底、10月初，荷方兵力只剩老兵370、菜鳥498、傷兵300人，總數只有1,168人。1662年2月10日，國姓爺鄭成功與荷蘭駐台長官揆一（Frederick Coyett）簽署和約；17日揆一率領大部份的荷蘭殘兵敗將離台。即便荷蘭人與平埔族通婚或同居史有明載，其後裔人數也不至於暴增如此之多。

另外，明鄭時期，台灣漢裔住民並不剃頭；剃頭辮髮要到1683年底大清入主台灣之後了。所以正確說法是「留下的少數荷蘭兵，在政權輪替後，大家都

剃髮光著頭，宣示效忠大清（the Chinese）」。在外國人眼中，China或Chinese係指當時在中國中原執政政權的通稱；雖然各有不同的國名。

後來郁和有機會再見到一大群新港人，令他大失所望的是，「只有少數老年人能說原來的語言（按西拉雅平埔語），其他人只會說『潮州話』（teek-chew Chinese）。不多久我發現他們說的不是荷蘭話，比較像馬來語。他們帶來的文件（the papers, 按『新港文書』）裡面有些荷蘭字母，書寫雜亂無章，文件之間沒有前後順序可言，顯然由不知其用途的人所抄錄下來的。來者沒有人能夠讀出任何文件，只有偶爾唸出一個荷蘭單字或其中的數字而已。荷蘭駐廈門領事葛瑞傑（De Grijs）曾嘗試解讀這些文件，但終歸失敗。」從「這些文件」字眼顯示，郁和至少收藏了兩件新港文書，只不知道確切件數有多少？

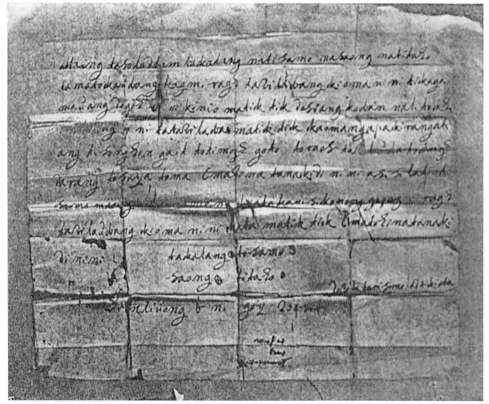

▲新港文書（（《Pioneering in Formosa》）

　　新港人還帶來兩件紅毛祖先的衣物給郇和觀看，一件說是荷蘭牧師的衣物，「那是件巨大平坦的短袖罩衫（smock），不像白袈裟（surplice），或許原為荷蘭傳教士所有。」第二件由兩件深紫色的絲織品組成，中間以微黑的布料縫接，上面繡著幾隻小金龍，有點像日本製品，「他們說是外套，不過在我看來，倒是比較像長沙發的罩布。」

　　郇和向來自菲律賓的西班牙裔郭德剛神父（Padre Sainz）請教這些漢人口中的平埔族（the Pepos）。郭神父說，「平埔族男性像漢人一樣剃頭、辮髮，衣著已漢化；女性倒是保持馬來風格，她們像馬尼拉女人，在某些場合身上圍著一件及膝布料，頭髮中分，在腦後綁著半圓形髮髻。他們臣服清國政府的統治，但仍自選村社長老。」郭神父曾拜訪過幾座平埔社，但只記得其中4社的名字，「有兩社位於台灣府東方，叫做新港及觀音（Kun-hieng, 可能指後來稱作觀音廟的地方，原有大目降社，今新化區觀音里），另兩社位於萬金庄（Ban-kin-shan, 屏東萬巒鄉萬金村）與杜君英（Toa-kun-lieng, 屏東內埔鄉老埤、中林村）。」郭神父還說這些族群的語言與菲律賓土著語相似，「而且認為台灣的平埔族與菲律賓土著的確淵源於馬來族（Malay origin）。」

　　郭德剛神父是西班牙人，曾在菲律賓服務，對於菲島群土著有深入觀察；1865年至1869年間在台灣南部傳教，因此對於菲律賓與台灣土著間的觀察、比較，有其根據。不過根據美國博物學家史蒂瑞（Joseph Steere）在1873～1874年間所蒐集的資料，台灣平埔族與傳統認定的原住民間的語言有共通性，也有差異性；台灣平埔族與呂宋島原住民塔加羅族及菲律賓中部維薩雅群島（Visayan Islands）亦然。[2]

必麒麟（William Pickering）的「紅毛親戚」情[3]

　　1865年元旦，必麒麟從打狗海關調到安平主持新成立的海關業務。該年秋天，他探訪離府城9至10哩的新港社（Sin-kang）平埔族，新港社原址位於今

2　參閱Joseph Steere原著，李壬癸編，*Formosa and Its Inhabitants*, pp. 199-202.
3　William A. Pickering, *Pioneering in Formosa*, pp. 66, 115-129.

台南市新市區永就里（番子寮）與社內里（社內），發現殘留著自17世紀荷蘭統治期的遺跡，不過穿著漢服的平埔後裔已經不會說母語了。曾赴大陸參與平定太平天國之亂的新港社頭目獲賞小官頭銜，還從大陸擄回一名綁小腳的夫人當戰利品。兩人一見如故，頭目說大部份的族人已移居散佈內陸各村，有的甚至遠至東岸呢。必麒麟表示對原住民相當感興趣，頭目說假使想探訪高山原住民，可先介紹拜訪與高山族有交情、居住丘陵地區的族人，後者必定相當歡迎任何「紅毛親戚」（any 'red-haired relation'），也會大力幫忙。必麒麟描述平埔族的外觀，「他們的外表有點特殊，比其他同胞原住民族身材較高、體格較苗條，有黑色大眼、闊嘴、上牙齦長暴牙。」

於是必麒麟向海關請了長假，安排一次2週探險之旅。1865年5月29日剛抵達打狗，5月31日在府城行醫傳教，7月中旬被逐離府城，又回到打狗港的英國基督教長老會老馬雅各醫生（Dr. James L. Maxwell, Sr.）聽到消息，認為單純的原住民或許比自大的漢人更容易接受基督教義，於是加入了旅行。

11月某日午後，必麒麟與老馬雅各醫生帶著僕人及苦力離開府城，下午抵達距離新港約15哩遠的崗仔林（Kong-a-na, 台南市左鎮區岡林里），受到通事（可能是李順義），[4]也即部落頭人（T'ong-su, the headman）的熱烈歡迎，「崗仔林的人自豪地稱呼自己『番仔』（'Hoans' or 'barbarians'）。老年人仍能說些母語。他們保留、尊崇對荷蘭人的好印象，因此喜愛白種人，自認彼此有血緣關係。當聽到他們一番話，尤其是從老嫗口中說出：『你們白人是我們的親戚（kindred），與惡毒的漢人不同。你們到底自稱什麼人啊？一別幾百年了，如今老眼昏花，能見到紅毛親戚（red-haired relations），實在有福氣呢！』聽了實在令人感動。」

在崗仔林待了2天，第三天通事率領兒子們與幾位族人陪伴他們上路，途經客家村南庄（Lam-tsng, 台南市南化區南化里、小崙里），傍晚來到平埔族最偏遠的山村笱蕉腳（Keng-chio-k'a, 依方向可能在甲仙區內），崗仔林頭目介紹說，「我帶來了幾位『紅毛親戚』（red-haired kindred）。」於是村民殺豬、宰

---

4 陳政三，《紅毛探親記：1870年代福爾摩沙縱走探險行》，頁62-63。

雞的，熱情款待這些遠房親戚。由於幾星期前，魯凱族芒仔社（Bangas, 或稱蚊子社，高雄市茂林區茂林里）剛殺害芎蕉腳的幾名婦女，且芒仔社與萬斗籠社（Bantaulangs, 茂林區萬山里）經常攻擊他們，因此當村民知悉小必等人有意入山探險，認為凶多吉少，紛紛勸阻。崗仔林頭人保證說，「即便清國大官都怕『紅毛番』（red-haired hoan）呢。」於是小必、馬醫生請了3位平埔嚮導、幾位苦力，繼續行程、前往荖濃（Lau-lung, 六龜區荖農里、寶來里一帶），崗仔林頭目則率族人返家。途中最老的嚮導問道，「既然我們都是親戚，為什麼兩者的容貌及習慣差異如此之大？」下午到了荖濃平埔村，嚮導高喊，「吼、吼！快出來看我們的紅毛親戚啊快看祖先提到好久以前失聯的親戚啊！」這是此行有關平埔族認為白人是他們的「紅毛親戚」的相關記載。稍後他們碰到的南鄒族雁爾社（Gani, 高雄區桃源區桃源里）、排剪社（Pai-chien, 桃源區高中里），以及布農族施武郡群（Sibukun）原住民，並未視他們為紅毛親戚。

可有原住民把西洋人當「親戚」的現象？買威令醫師（W.W. Myers）在1894年12月一篇〈台灣備忘錄〉報告中，[5]談及南部高山原住民（按可能指排灣與魯凱族）每年有五、六百人至他服務的「打狗慕德醫院」（the David Manson Memorial Hospital, Takow）治病，因此得知他們還真的有視洋人為「自己人」的情形，「西洋人深受全島原住民的歡迎與善待，被稱為原住民的兄弟（brothers）。……只有洋人可以跨越邊境，進入部落，連隨行的漢僕也不行。洋人才剛抵達任何部落，即被團團圍住，詢問有關他們的一切，以及來自哪一國度。假使還想深入山區，沿途部落的頭目除了一一交接，還提供隨扈保全，深怕洋人兄弟有任何不舒服之處。」

5　W.W. Myers, "Memorandum re the Island of Formosa," 詳述台灣政、經、社會及軍事情勢，強調是 "strictly confidential", in Ian H. Nish ed., *British Documents on Foreign Affairs; Reports and Papers from the Foreign Office Confidential Print*, Vol. 5, *Sino-Japanese War and Triple Intervention, 1894-95*, pp. 123-124.

南方澳「猴猴番」與「英國番啊」

1857年郇和訪問蘇澳與冬山河的經過，記載於1863年發表的〈福爾摩沙人種學筆記〉及1873年的〈福爾摩沙筆記〉（Notes on Formosa）。文章一開頭就寫道，「1857年我們搭乘剛強號船繞行台灣島一週，進入漢人在東岸的邊境蘇澳港（Sawo harbor）。海港左邊小海灣（按南方澳），有座熟番（Sekwhan）小村。」當時郇和尚不知猴猴人的族名，以及特殊來源，他描述道，「一些男性頭髮鬆散，任其生長；但很多較年輕的男子，則剃成漢人髮型，膚色較漢人黝黑，帶有馬來人的外觀。至於女性，有的皮膚呈褐色，有的為淺色，許多帶有歐洲人的容貌特徵，沒有漢人歪斜的眼睛特徵。她們任秀髮披散，用白色或紅色繫帶束在前額。衣著方面，有些穿短上衣或披肩，但大部份人上身赤裸，只在腰間打上腰圍。不論男女都喜抽煙桿，或狀似雪茄的捲煙。」其中一人會說閩南語，訪者要他擔任翻譯，「我們詢問該族來源，他們說只知道是『生於斯，長於斯』（belonged to the soil），甚至不知道自己的年齡，顯然沒有文字工具，也不認為「年齡」有何意義。他們不喜被稱做『生番』（Chin-hwan or raw foreigners），自認為和我們一樣，都是『番啊』（Hwan-ah）-『外來客』（foreigners）的意思。」上述一模一樣的記載，也出現在隔年（1858）郇和的〈福爾摩沙島紀行〉。

這隱含著猴猴族平埔人把西洋人視為「同是天涯淪落人」的自己人。[6]

卜居北台近26年（1864-1890）的茶王德約翰（John Dodd）曾說，「南方澳住著比西海岸更純種的平埔族」。[7]他指的即是猴猴族。但即便在外國勢力較鞭長莫及的蘇澳地區，這些「更純種的」平埔族仍混有西方白人血統。那是西班牙與荷蘭統治、船難殘存漂民、通商及拓殖的結果。

1866年英國籍的植物學者柯靈烏（Cuthbert Collingwood）、1888年德國植物學家瓦伯格（Otto Warburg）、1895年美國籍戰地記者達飛聲（James David-

---

6　猴猴族來源與遷居南風澳，見陳政三，《翱翔福爾摩沙——英國外交官郇和晚清臺灣紀行》，頁17-19。

7　陳政三，《泡茶走西仔反：清法戰爭台灣外記》，頁83。

son），都曾在蘇澳附近見過姿容像白種人的原住民女子。

柯靈烏漫步髒亂的蘇澳漢人村，眼睛突然一亮，「我們的目光被一位漂亮、有著歐洲人外貌的女子吸引住，她的聲音特別，在在顯示並非漢人，而是原住民。不知為何她會住在漢人村，不過聽說兩族彼此常有小戰鬥，偶爾會俘虜對方的婦女。」[8]

瓦伯格於1888年1月上、中旬與馬偕牧師訪問宜蘭地區，在蘇澳港南方一座平埔族村落發現，「在邊境圍著柵欄的平埔村，許多婦女臉部下半有著密密麻麻的刺青，那是她們待在山區生活時所留下來的。……邊境最南端的村落，我在教堂見到一名漂亮的年輕女子，有著金褐色頭髮（brown hair had a special nuance of blond），詢問後得知她的父親是位以往經常到蘇澳港做買賣的荷蘭船長，至於母親已被『生番』殺害。」[9]

達飛聲寫道，「1895年，筆者應角田海軍少將司令的邀請，到東北海岸蘇澳參訪，在港南丘陵地帶某小村附近散步時，意外遇到一位面貌姣好、膚色白皙、頭髮淺淡，外貌狀似白人，其他方面則都像原住民的年輕女子。她做平埔打扮，衣衫襤褸，身旁有2個膚色較深而髮色淺淡的小孩，其他同伴都是純種平埔人。旅行回來，筆者進行一番查詢，所得的資訊令我相信這位少婦就是何恩（James Horn）的女兒。」[10]1868-70年拓墾宜蘭大南澳的蘇格蘭裔探險家何恩，娶了平埔女。至於與何恩一起在該地的「八國聯軍」外籍人士，是否有與當地女子生下子女呢？根據曾於1869年1月探訪何恩殖民小王國的淡水海關署稅務司廷得爾（Edward C. Taintor）記載，蘇澳地區「至少有8個不同國籍的人

8 Cuthbert Collingwood, *Rambles of a Naturalist on the Shores and Waters of the China Sea* (London: John Murry, 1868 & 1875), in Natives of Formosa, p. 85.

9 Otto Warburg, "On his travels in Formosa," pp. 7, 10, in Fix, Douglas L., edited, http://academic.reed.edu/formosa/texts/texts.htm 網站；George L. MacKay, *From Far Formosa* (Edinburgh and London: Oliphant Anderson & Ferrier, 1896; Taipei: SMC reprinted, 2002), pp. 224-225；馬偕著，陳宏文譯，《馬偕博士日記》（台南：人光，1996），頁151-154；吳永華，《台灣植物探險》（台中：晨星，1999），頁176。

10 James Davidson, *The Island of Formosa* (Yokohama: Kelly & Walsh, 1903), p. 187.

士，包括2名蘇格蘭佬、1
名德國人、1名美國人、1
名西班牙墨西哥人（Span-
ish Mexican）、1名印度臥
亞來的葡萄牙人（Goa Por-
tuguese）、1位馬來人，以
及各式各樣的漢人及平埔
族。」[11]

　　更早的有1771年8月
27日至9月14日間，駕船
探險東岸匈牙利籍的倍
勇斯基伯爵（Count de
Benyowsky），在蘇澳留
下一位波蘭籍的小駱基諾
（young Loginow），要他

▲1771年走訪東岸的貝勇斯基伯爵（W. Nicholson, 1790）

好生學習「台灣話」，安心等待他們的回來。[12]不過伯爵黃牛了，小駱基諾就
此紮根東台灣，應該有娶妻生子，留下混血後裔。

　　後來族群較小的猴猴族混入噶瑪蘭族，被同化了。而當噶瑪蘭族遇見「紅
毛番」又是什麼情形呢？1858年6月19日，郇和搭乘剛強號來到婆羅辛仔宛河
（river Polo Sinnawan）河口，該河又稱加禮宛溪（Kalewan river），也就是目
前的冬山河。他們搭乘小船曲折上溯8英里，來到噶瑪蘭平埔族住的婆羅辛仔宛
社（Polo Sinnawan, 五結鄉秀新村），再往西南前進2英里，抵達漢人村利澤簡

---

11 Edward C. Taintor, "The Aborigines of Northern Formosa," a paper read before the North
China Branch of the Royal Asiatic Society, Shanghai, 18th June, 1874, pp. 6-7。後該論文收
North China Branch of the Royal Asiatic Society Natives of Formosa Journal (10)1874, 見
Natives of Formosa, p. 124.

12 Pasfield Oliver, *Memoirs and Travels of Mauritius Augustus, Count de Benyowsky* (London: T.
Fisher Unwin, 1892), p. 425; W. Campbell, *Formosa under the Dutch*, p. 532：本書〈倍勇
斯基伯爵東台灣奇幻之旅〉，頁38。

（Le-teek-kan, 五結鄉利澤村）、又稱奇澤簡（Ke-ta-kan），據說人口有1,000，是這條河流域最大村庄，有條寬闊的商店街，擺滿糧食待售，價錢頗貴，店家拿出鹿、羌仔（Muntjak）、山貓（Felis）等獸皮與訪者交易。此地漢人、平埔雜居，彼此通婚，後者見了訪客，問道：「你們一定是荷蘭來的，因為從沒聽說有其他『紅毛番』（red-haired foreigners）」。

有位新港社老人告訴甘為霖牧師（Rev. William Campbell）說，「當我童稚時，村民遭遇飢荒或流行病，日落時刻會聚集在小山丘處，朝向西方捶胸，高喊『紅髮好友們啊（our red-haired good friends），可憐可憐我們吧，趕快回來拯救我們啊！』」[13]

埔里社混血兒

1873年10月中旬至11月中旬間，美國博物學家史蒂瑞（Joseph Steere）與甘為霖牧師、英國外交官布勒克（Thomas L. Bullock）結伴縱走西部與南投地區。他們在10月23日從日月潭走到直徑五到七哩、叫埔社或埔里社（Polisia）

▲甘為霖牧師（《Sketches From Formosa》）

的大圓形盆地，居民6、7千人，大多數是「熟番」。來到一條很寬但淺的溪流，可能是盆地南方的南港溪，有10多婦孺正在堵河捉魚，一見他們到來，立即停止工作、迎向前來握手、道「平安」。握手禮與「平安」口頭禪是平埔基督徒的特殊標誌，「他們由衷的歡迎我們，可能因為我們2位留鬍鬚洋人是除了

13 William Campbell, *Formosa under the Dutch*, p. 547.

傳教士外，首先來訪的白種人。他們身材比邵族高大，約與漢人相當，有張寬闊、純樸的臉孔，有些長得很像白種人，只是嘴巴較大、且大多數有暴牙。」他也觀察到「有些人可能與漢人有通婚的情形」。抵達烏牛欄莊（Ogulan, 今愛蘭），全村男女老幼聞訊，爭先恐後由散佈各角落的茅屋內擁出，排隊與他們握手、道平安，「有的深覺只握一次不夠，又跑到後面排隊再來上一次，」史蒂瑞感慨的說：「經歷了漢人村莊的冷淡，飽嚐懷疑的眼色，還被叫做『番丫』，對此地的盛大歡迎，還真受寵若驚呢！」[14]

同行的布勒克則云，「他們（埔里社的平埔人）不抽鴉片，但喜愛喝酒，這兩點是島嶼所有原住民的共同特性。」布氏稱原住民都不喜抽鴉片，這一點倒很少有人指出，不知是否牽涉到經濟負擔因素，或另有它因，他未深入說明。至於巴宰人釀造的米酒，他品評為「酒精濃度太低，所以很少有人變成燒酒仙」。

布勒克認為巴宰人的外貌，與他曾見過的其他原住民族群差異甚大，「他們身材高挑，長得好看，有雙黑色大眼睛，闊嘴暴牙。」布氏未說明巴宰與其他族群外表相差甚大之因，史蒂瑞觀察到「有些長得像白人」的現象，或許是原因之一。[15]

▲認為有些巴宰族長得像白人的史蒂瑞
（《Journal of the American Geographical Society of New York》, 1874）

---

14 Joseph Steere, *Formosa and Its Inhabitants*, p. 38；陳政三，《紅毛探親記：1870年代福爾摩沙縱走探險行》，頁30。

15 陳政三，《紅毛探親記》，頁139；T. L. Bullock, "A trip to the Interior of Formosa," in *Natives of Formosa*, p. 118。筆者原譯為「布洛克」，經查他的正式漢名為「布勒

　　巴宰族男子的身高，依據金關丈夫的研究，烏牛欄社平均164.8公分，大社（台中神岡）165.1公分，在原住民族群中，僅略低於阿美族，排行第二；介於福佬的166.7，客家的163.2公分之間。內社巴宰後裔潘大和《平埔巴宰族滄桑史》乙書稱，其先父曾於第二次世界大戰時，陪同日本政府派來台灣的考古人類學者，測量族人的身高體重，計得男性平均176公分，女性165公分，比所有台灣其他族群高大。很有意思的說法，可惜的是未提出該學者姓名及他的研究報告名稱。如確有其事，實在值得從日本找出這份調查報告。而潘大和根據印象，也有可能記錯，否則真是大發現。另外，神岡巴宰後裔潘正治告訴筆者，他以前從事捕魚，去過廣東滎陽（或連陽？），曾遇到當地同操巴宰語的人（如是，似為壯族或瑤族），因此他認為巴宰可能來自該地。很有趣的說法，筆者徵諸其他巴宰人，如內社長老潘大州，並不同意此說法，不過似乎值得該族或研究者赴當地一探究竟。

　　1875年2月20-22日探訪埔里的英商柯樂（Arthur Corner）稱：「埔社這些貧窮的平埔人很多患有甲狀腺腫，他們外表略顯與漢人混血的情況，穿著漢式服飾，但仍保有許多原住民的特徵。有些人認為平埔族混著荷蘭人血統，我不知道事情真相，即便如此，也未改善他們的外觀。尤其老嫗更是醜陋，她們有凹窄的前額、凸出的下顎，配上黑黝黝的殘牙；有的甚至像猩猩一樣，上嘴唇很長、下顎凹陷。所有的婦女及小女孩都戴棉質女帽，看起來很醜；她們前面的頭髮剪成瀏海，垂到眼睛上端，」柯樂對埔社巴宰人的外表評價不高；1873年10月，與甘為霖、史蒂瑞同訪埔社的布勒克卻有不同的評語：「他們身材高挑，長得好看，有雙黑色大眼睛，闊嘴暴牙」。[16]

　　柯樂稍後訪岸裡大社（2/23-2/24）與內社（2/24-2/25），並未提及兩地巴宰人的長相是否像荷蘭人。

　　1875年底即將離職的英國駐淡水署副領事阿赫伯（Herbert J. Allen）與馬

克」。見故宮博物院明清檔案部、福建師範大學歷史系合編，《中外使領年表》（北京：中華書局，1985），頁261。

16 Arthur Corner, "A Tour through Formosa from South to North," in *Natives of Formosa*, pp. 145-146；陳政三，《紅毛探親記》，193頁。

偕、李庥（Rev. Hugh Ritchie）結伴南下，11月中下旬走訪內社、大社、埔里，他在旅行記文中未提平埔人與紅毛關係，倒是見到了平埔族保存的古荷蘭遺物。

埔里社一位老人向阿赫伯出示荷治時代留下來的傳家寶，「那是2英尺長的銀質火柴盒，他說已傳了200年。從上面的一些符號，我相信真的是古荷蘭製的火柴盒」。阿赫伯只云他們在埔社停留5天，他的算法是去頭去尾的實待5天；實際上17日晚間抵達埔里，23日晨離開，前後7天；如據馬偕日記的記載，詳細行程為「在烏牛欄2天，然後去牛睏山」。**17**

阿美族傳說

19世紀60年代的冒險家必麒麟在《探險老台灣》（*Pioneering in Formosa*）云，「東岸阿美族（Ami-a. Ami or Amigo？）的祖先傳說是某次船難倖存的白人水手與當地土著通婚的後裔，其混血後代必須永遠表現臣服。這種說法可能性相當大，從體格來看，他們仍保有歐洲人的特性。而北方（按應係指恆春半島東岸以北）其他部落可能是日本或琉球人的後代，過去30年間琉球戎克船曾多次在東岸遇難，屢屢發生船員被殺事件」。**18**

1880年代的鵝鑾鼻燈塔守護員泰勒（George Taylor）在一系列有關卑南、阿美、排灣等族的文章中指出，「阿美族口傳，他們的祖先是一艘觸礁大船船員，被允許與土著通婚，後裔須永遠視自己為外族（alien race），臣服於當地真正的原住民（true aborigines）。雖然目前卑南地區的阿美族勢力大到已可向其他族群的頭目發號施令，但宗主威權傳統仍長存人心，因此阿美族人從不認為有資格和其他族群平起平坐。……據我判斷，可能來自宮古群島；（卑南）知本社人（the Tipuns）從社名意味著可能來自日本，不論如何，是來自北方島嶼。……前述知本人是移居來台者的後裔，我認定阿美族與他們同源，極可能

---

17 陳政三，《紅毛探親記》，頁173；H. Allen, "Notes of a journey through Formosa from Tamsui to Taiwanfu," in *Natives of Formosa*, p. 157；《馬偕博士日記》，頁102。《中外使領年表》，頁259。

18 William Pickering, *Pioneering in Formosa*, p. 74；陳政三，《紅毛探親記》，頁139。

來自宮古群島。」[19]

▲傳說是觸礁大船船員後裔的阿美族（James Maxwell, Jr.,
〈A Medical Missionary tour in Formosa〉, 1914）

▲阿美族部落（James Maxwell, Jr., 〈A Medical Missionary
tour in Formosa〉, 1914）

---

19 George Taylor, in G. Dudbridge, edited, *Aborigines of South Taiwan in the 1880s*, pp. 66, 80,
114, 116.

泰雅族：帶著猶太人與歐洲人輪廓？

開發石油差點成為「台灣女婿」的德約翰（John Dodd），自稱油井區東邊部落老頭目認為他不留辮子，頭髮又是黑色、體型與原住民相仿，應是來自遙遠部落的同種族，想將孫女嫁給他，但要求必須剃掉鬍鬚。曾任職淡水英國領事館、「滇案」受害者馬加理（Augustus Margary）透露，「德約翰常深入山區，有時一住好幾個月。有次酋長想將女兒嫁給他，嚇得他連夜落跑下山！」[20]

德約翰常深入山區，與許多部落友好，曾參加大型圍獵，對於北泰雅族瞭解甚深，他說北泰雅「許多人擁有趨近歐洲式的高鼻樑。……面貌大致呈現馬來亞人的模樣，有些帶著猶太人容貌，仔細端倪輪廓又類似歐洲人。」[21]：「歷年來無數的船難事件，我相信福爾摩沙原住民的數量，應該隨著船難漂民的加入而不斷增加。原住民相互通婚的結果，血統純粹的原住民只能在高山深處發現。」[22]

賽夏、泰雅族與老外

1877年11月底至1878年11月初來台灣苗栗山區出磺坑（苗栗公館鄉開礦村）的美國油匠絡克（Robert D. Locke），在1878年4月27日的日記上寫道，「下山到茄苳坑（Eltarcau，頭屋鄉明德村，明德水庫附近），遇到5位從山區下來呼吸文明氣息的『印地安人』（Indians），說我很像他們祖先其中的一支，聞言頓覺自己好像是個前科累累的『老罪人』（old sinner），但我沒說什麼、也無話可說，接過他們遞過來的酒就喝，下定決心有機會的話，翻查他們的族

---

20 蘭伯特著，林金源譯，《風中之葉——福爾摩沙見聞錄》，頁119；陳政三，《泡茶走西仔反》，頁140。

21 John Dodd, "A Glimpse of the manners and customs of the hill tribes of Formosa," in *Journal of the Straits Branch of the Royal Asiatic Society* 15 (1885), pp. 71, 73.

22 《風中之葉》，頁119。

譜（pedigree），假如發現所言是事實，立即上吊自殺。」[23]

　　茄苳坑在出磺坑油村北方、後壠（今後龍）東偏南方，後龍溪支流老田寮溪北。他未交代為何到該地，可能去看油桶存放處。茄苳坑北方不遠處即是錦水，後來也發現蘊藏豐富的石油、瓦斯。附近的三灣、南庄、獅潭三鄉昔日皆為賽夏族居住地，他遇到的可能是賽夏族。另據絡克晚年回憶，獵頭族（head-hunters）只殺漢人或敵對部落人，對白人無敵意。有次受邀到一個部落，土著聽到絡克裝煙草說出"tobacco"時，驚訝地表示與他們用詞相同，酋長立刻宣稱小絡是他的gip kik──好兄弟、好朋友。但日記未曾提到訪問過部落，而且不論賽夏或泰雅族稱呼朋友、兄弟皆非用該字，不知他可有加油添醋？

　　倒是1875年11月12日訪問苗栗新港社（Sinkang, 後龍鎮新民里東、西社）的阿赫伯，指出該社屬於Balua族（可能指貓裡社？伊能嘉矩後來稱的道卡斯族──Taokas）與賽夏族間有血緣關係，新港社居民「苟延殘喘於漢人征服者與內山野蠻的原住民兄弟之間的小地方，雖然已經穿漢服、留辮髮，但長相很明顯的看得出具有原住民或馬來玻里尼西亞血統。」[24]

　　伊能嘉矩、粟野傳之丞也認為道卡斯族與賽夏族兩者原屬同一族群，伊能在《台灣踏查日記》更指出苗栗東北方的賽夏獅潭底社人，為新港社的分支，「其頭目釣公（Tyaokon）因不肯歸化，被驅逐到獅潭底，而於每年祭祖時來到新港社，唱出寓有不服清國意涵的歌。」新港社歌謠云，「鄭成功（按應是1682年鄭克塽派部將陳絳）曾攻打該族，死者不計其數。」同族不肯歸順者逃入山中，今南庄地方靠近山區的番人為其後裔。[25]近代語言學者費羅禮（Raleigh Ferrell）、李壬癸咸認為賽夏語是平埔語的一支；土田滋、馬淵東一則認為道卡斯族與賽夏族可能係由台灣北部移入。

　　阿赫伯云新港社屬於Balua族，是否指的是同屬後壠社群的「貓裡」社？待考。「道卡斯族」一詞，則是伊能嘉矩按照語言相似度所做的族群分類，要到

23 陳政三，《美國油匠在台灣：1877-78年苗栗出磺坑採油紀行》頁104、108。
24 陳政三，《紅毛探親記：1870年代福爾摩沙縱走探險行》，頁168-169。
25 伊能嘉矩，楊南郡譯註，《台灣踏查日記》，頁109-110。

日治初期才出現。

有次，馬偕（George L. MacKay）赴雪山（Mt. Sylvia）附近探險，被當地3個部落的原住民（泰雅族）呼為「親戚」（kinsman）、「黑鬚親」（black-bearded kinsman）。他與一批「生番」在某處高山頂峰相遇，「他們圍著我，從頭到腳仔細地打量著我，笑說：『你沒有辮子，一定是咱們的親戚。』」隔天在另一部落邊界，

▲黑鬍子親馬偕全家福，是標準的紅毛親戚

突然有該部落頭目與24名住民舉著火繩槍出現，陪同馬偕的酋長作出手勢，對方把槍放下，輪流走向馬偕，「先用手碰觸我的胸部，再把手放在自己的胸前，說道：『你是我們的親戚。』」到了另座部落拜訪，道別時，「他們邀請我這位『黑鬚親』一定要再來訪。」[26]

1916-18年在台的英籍老師珍內（Janet B. M. McGovern）造訪北部山區時發現，泰雅族認為她是其祖先靈魂保護者荷蘭人的化身。[27]

日本人：泰雅族與鄒族同宗？

20世紀初，日本「生蕃通」森丑之助曾被泰雅族蘇魯社（苗栗泰安鄉士林村）視為分支同宗，鄒族也認為日本人像同宗Maya的後裔。[28]

蘇魯社長老向森丑之助老口述古老傳說，「古時候蕃社這邊有最高的山，有天山頂巨巖裂開，生下2個人。其中一個眼見東方地力肥沃，所以搬去住；

---

26 George L. MacKay, *From Far Formosa*, pp. 260-261.

27 Janet B. M. McGovern, *Among the Headhunters of Formosa*, pp. 83-84, 143.

28 森丑之助著，楊南郡譯註，《生蕃行腳》，頁288-289、297-298、361。

另一人留在山頂，成為今日Tahizeel群的祖先。你們日本人大概是移居東方的人所繁衍的子孫吧。那麼，咱們有共同的祖先。我們把祖先名字叫做Pinsamakan。」

他記述鄒族的傳說，「由於人口增加，一部份人留在新高頂住處，叫做特富野；另部份人遷到遠方，他們叫做Maya（瑪雅）。臨別，把一束箭折成兩半，一半留下，另半交給Maya帶走。將來兩族或許會碰面，屆時各持一半的箭作為識別之用。但Maya始終未出現，直到日本人來台，鄒族看到日本人的身材和性情，好像是很早年代離別的族親Maya的後裔，所以把日本人叫做Maya。」不過同時在場的鳥居龍藏則記載為，「相傳曾經有一群（鄒族）人，遷居到瑪雅國去了。到底這瑪雅國是什麼地方呢？自古以來我們鄒族人一直在尋找它。」

1888年年初訪台的瓦伯格（Otto Warburg）認為，「在玻里尼西亞馬來人（Polynesian-Malay）帶著充分的補給移民台灣之前，相當有可能島上已住著另批原住民。有時候會突然見到山脊站著一個絕對不是馬來種的人，有著高聳的鷹鉤鼻樑，充滿活力的表情，雙眉緊貼眼睛，纖細而相對高的身材，不像馬來人有著寬而堅實的肩膀。這讓我不禁想起在日本與琉球群島偶爾見到的人種。不過這樣的人我見得並不多，因此無法確定如此的觀察是否屬實。」[29]

1892至93年英國駐淡水的領事謝立山〈Alexander Hoise〉在一篇〈謝立山有關台灣島及其資源與貿易領事報告〉稱，「1892年10月，我訪問淡水河支流新店溪沿岸的一個部落，我大吃一驚，因為每20多人就有幾名的容貌、體格像極日本人。要是一開頭就有人告訴我說那些人是日本人的話，我也不會感到驚訝。」[30]他說「平埔與高山族的語言，除了有些措詞上的變異，基本上是相同的，有些族指著南方及獨木舟，宣稱祖先來自『異域』（foreign origin）。大部份原住民為馬來血統；但部份長有粗毛者，又似乎意味著來自北方日本群

---

29 Otto Warburg, *op. cit.*, p. 10.

30 A. Hoise, "Report by Hoise on the Island of Formosa, with special reference to its Resources and Trade" p. 8, in IUP, *Embassy and consular commercial reports*, China 18, p. 18.

島。」

　　李斯（Ludwig Riess）認為琉球原是包括目前的琉球群島與台灣的總稱，荷蘭人使用的Lonkjou ＝琉球（Liukiu），他主張「台灣島北部和西部最早的移民，是從琉球列島來的」。他說原居住西部平原的琅嶠族（Lonkjou）在6世紀被入侵的馬來人殲滅大部份，少數人逃入山中，荷蘭時代，還窮困地生活在高山。他引述荷蘭人的記載：「荷蘭人在島的南部高山中，發現瑤嶠人與裸體的蠻人雜居在20個村中，生活在貧窮的狀態……。這種民族，比附近的村民開化得多。他們膚色比較好，體格較小。……他們穿衣、不裸體，婦女也都掩蔽胸部。採一夫一妻制，認為姦淫和私通是很可恥的。」[31]

　　1874年3月中下旬，史蒂瑞曾拜訪過排灣族，根據筆者的考據，他拜訪過信奉蛇生起源說的筏灣社群（屏東瑪家鄉排灣村）兩部落，極可能是高燕社（又稱巴達煙社，Padain）與射鹿社；只隔著溪，他未到過的下排灣社（Supaiwan），雖同屬筏灣群，但社民相信太陽卵生起源傳說，筆者認為有可能是箕模人（Chimo）。據李亦園院士〈來義鄉排灣族中箕模人的探究〉，箕模是指原居住在山腳下而與排灣人不同的人。它是一個非常古老的族群，比排灣還久遠，不論是起源傳說、宗教信仰、生活習慣皆與排灣有別。筆者以為箕模人可能與李斯（Ludwig Riess）提到的瑤嶠人（Lonkiu）有關；[32]不過，目前已融入排灣族了。

　　較晚期，有王詩琅（一剛）採集到凱達格蘭族毛少翁社（台北市社子；有認為社子到紗帽山一帶）[33]說他們是東洋人的子孫之口碑，「昔時，台灣的北

31　Ludwig Riess著，周學普譯，《臺灣島史》（Geschichte der Insel Formosa, 1897），收於《臺灣經濟史》三集，頁2、6-7。

32　李亦園〈來義鄉排灣族中箕模人的探究〉，收於氏著《臺灣土著民族的社會與文化》，頁77-118；陳政三〈約會在筏灣　射鹿、高燕探險行〉，《紅毛探親記》，頁113-114。

33　洪敏麟《臺灣舊地名之沿革》一冊（頁228）認為舊社位於雞籠河舊河道，基隆河、淡水河間的平坦地，今社子士林區後港、葫蘆、社子、永平等里及倫等里一部份；乾隆十一年（1746）發生大地震陷沒後遷移今永平、倫等里。伊能嘉矩、翁佳音認為該

部一帶，都由東洋人（日本人）佔據，現在的台北平原殆全部是他們的領有。然而漢人如潮湧一般，從中國大陸移住過來，所以東洋人不得已或泛海離開，或退入山地，入深山和番人雜居，這樣一來，自然而然地和他們同化起來，這就是說毛少翁社就是東洋人的子孫。」[34]

另有稱1895年5月底，日軍登陸地點鹽寮（新北市貢寮區仁里里）附近，有個新社部落（貢寮區雙玉里），「流傳著與日本人有關的故事。據說當地居民是日人後裔，婦女絕不纏足。新社的寶物正是祖先的衣服——日本的陣羽織。因此，據說日軍登陸後，他們自發性地持槍保護日本人。」另東部原住民流傳，「（17世紀上半日本）鎖國前就有日本人居住在基隆，甚至教授當地人民如何採集砂金。」[35]

非結論：「半路認親戚」的「隔代」情懷？

德國學者沃斯（A. Wirth）稱，日本領台初期對高山人相當禮遇，經常舉行盛宴款待。於是山地諸族很得意，「甚至稱日本人為同宗兄弟，使得日本人頗為惱怒。他們以為日本人將會把漢人所奪去的土地還給他們。」Wirth認為原住民曾自稱是「紅毛親」，現也自稱「日本人的同宗」，無非是為了強調其獨立性和平等權利而已，當不得真。

他認為台灣較早的民族有矮人、黑人種、混血的矮黑人（Negrito）、巨人、泰雅族（印度支那人）、馬來族，許多台灣人（指原住民族）的型式，部份像印度人，部份像極北的人。19世紀末，矮人種仍是琉球人主幹之一；馬來人曾擴散到日本，甚至到達加拿大西部。[36]

社散佈社子到紗帽山一帶。詹素娟、張素玢，《臺灣原住民史：平埔族史篇（北）－北臺灣平埔族群史》頁131。

34 毛少翁社口碑，原載《臺北文物》6卷3期，1958年3月號，收於《尋訪凱達格蘭族》（板橋：台北縣立文化中心，1998），頁31。

35 竹中信子著，蔡龍保譯，《日治台灣生活史——明治篇1895-1911》，頁41。1616-1639年，日本頒布連串禁令，完成鎖國。

36 Albrecht Wirth著，周學普譯，《臺灣之歷史》（Geschite Formosa's bis Anfang,

　　為何原住民，尤其是平埔族會把荷蘭人當作親戚，甚至「愛屋及烏」，一併「錯愛」白種人呢？從文獻來看，荷蘭人攻打過許多平埔族，以及卑南、魯凱、排灣等族，為何經過200年左右，還有許多原住民如此「笑念」紅毛？這種情形有如日本人在領台初期殺了比國府「228事件」還多的台灣漢人，日治期漢人曾「挫幹辣譙」，之後居然也懷念起來了。是「貨比貨」的關係？還是年代久遠造成的「隔代遺忘」與「選擇性隔代記憶」？亦或「挾洋自保」？

　　荷蘭人固然先把台灣當作貿易站，後來變成商品生產來源地，不過他們的統治基本上採用尊重原住民傳統的頭目制度，再以宗教及教育手段教化；對漸增的漢籍「外勞」則採防範措施，看在原住民眼中，似乎還滿受用的。明鄭從17世紀70年代中期以後在福建沿海用兵，80年代初期為防範清兵來襲，軍需孔急，稅收、繇役自然加重，引起許多原住民的反抗。而大清開始雖然禁止漢人入侵原住民區域，如設土牛線、豎立界碑，但效果不彰，1875年起的「開山撫番」，全面開放「番界」，鼓勵大陸移民來台，造成原住民的大災難，迄1895年，漢、原間的戰鬥，可說從未間斷。史蒂瑞曾提及拜訪大社（台中神岡鄉）期間，「通事（Tungsou）向我們詳述身為熟番的悲哀，以及常受到漢人的欺壓，希望在英國領事館服務的布勒克，也許能幫助他們解決一些糾紛。」

　　日本人領台初期，忙於鎮壓漢人的反抗，先籠絡原住民；等解決了漢人，山區原住民就開始遭殃了。1902-16年間，漢人武裝抗日漸歇；原住民抗日逐漸興起。1915年7-8月「西來庵（噍吧哖）事件」可說終止了漢人「第三期武裝抗日」；之後漢人改採「文鬥」。1916年以後，幾乎全是高山原住民獨霸的武裝抗日，《理蕃誌稿》登載了許多類似事件。總督府並不承認高山族具有法律上的人格，1895年10月先公布〈官有林野取締規則〉，先把無主地國有化；再來進行林野調查，幾乎圈取了所有的山地；到了1942年，「蕃地」的國有、公有林竟佔了99.9%，原野則佔97%。做法是，先以隘勇線推進，縮小高山族領域，再強迫其移居並加以圍堵。[37] 這是高山原住民猛烈抵抗的主因。直到1930年10

　　1898）：收於《臺灣經濟史》六集，頁3、5、75。

37 戴國煇編著，魏廷朝譯，《臺灣霧社蜂起事件研究與資料》（台北：國史館，

月「霧社事件」及翌年4月的「第二次霧社事件」之後，原住民的反抗才稍稍平息。從此，再也見不到日治初期原住民把日本人當作「同宗兄弟」的記載。

從總督府對原住民的稱呼演變，也可看出為何彼此間的關係不但「絕非自己人」，而且越來越疏遠。1923年4月16日至27日間，裕仁皇太子（後來的昭和天皇）訪台，24日下午特地參觀總督府博物館，館方詳細介紹台灣各族「蕃人」的語言系統、民俗及生活型態；29日皇太子以82號告示，命名雪山為「次高山」，並將不雅、有侮蔑意味的「生蕃」、「蕃人」更名為「高砂族」。不過，總督府直到昭和十年（1935）6月4日公布〈戶口調查規定〉時，才正式把「生蕃」或「蕃人」改為「高砂族」，「熟蕃人」改稱「平埔族」。**38**

總督府在原住民教育事業下了不少功夫，迄今仍有許多老輩原住民會講日語。二戰末期，1942年3月起高砂義勇隊陸續投入東南亞戰場，據說某些部落掀起了「從軍愛國」熱潮。1944年元月制定的〈皇民練成所規則〉，訓練已皇民化的台灣人及高砂族成為日本人。不過原住民不像部份閩裔台灣人那麼「笑念」日本人。

國府來了之後，絕大部份原住民投票的行為一直都支持國民黨，而不喜歡「黨外」或後來的民進黨。除了早期外省男子與原住民女子通婚較多的關係之外，是否也表示國民黨的原住民（「山地同胞」）政策或手法較受歡迎？另外，是否因更早期閩裔台灣人侵佔其土地，連帶的有「討厭」閩裔台灣人的心態？至於住山區的客家人，清領期以來普遍有迎娶原民女子的情形，似乎較不被排斥。不過，除了與原住民有通婚的後裔，不管是所謂的外省、本省人（部份有平埔族血統），似乎都沒被原住民視為「黑毛親戚」。

上述只是筆者主觀的推論而已，有待進一步的研究。

2002），頁65、84。

38 同上註，頁387；李子寧主編，《臺灣省立博物館創立九十年專刊》（台北：省博館，1999），頁75-77、308；黃昭堂著，黃英哲譯，《台灣總督府》（台北：自由時代，1989），頁102；戴國煇著，魏廷朝譯，《臺灣總體相》（台北：遠流，1989），頁18。

靠海吃海──番鬼與海盜

18、19世紀，東亞、東南亞沒有海圖導引的陰暗海邊，群聚海盜，呼嘯其間，假如無法於公海捕獲速度較快的洋船，就勾結當地人，在岸邊劫掠遇難船隻。

東亞航線鬼門關

台灣也有許多公然對抗官府的海盜，19世紀中葉盤據離府城北方5英里國姓港（今台南市七股區三股里及十份里附近）的「好漢」，人數相當多，除海上劫掠，也搶劫附近村莊，安平港漁夫就經常成為「借錢、借糧」的對象。1866年9月29日，英籍三桅船廣豐號（*Kwang Foong*）遇強烈颱風，擱淺國姓港。剛開始，只見岸邊一陣混亂，不久出現300位手持長刀的漢子登船洗劫，連船員隨身衣物也不放過。全身精光的水手遭驅趕下船，被迫答應日後支付海盜600元，以便得知如何前往幾哩外府城的路草（途徑）；船員沿途檢拾破草蓆，權充遮體衣物，腳部、足部被牡蠣殼嚴重割傷，烈日下走了2天，終於抵達府城，而官員或是不願，或是無力，竟未對國姓港海盜作出任何懲罰行動。同年底，國姓港海盜蔡沙一夥登陸安平，就在距離全島首府2哩地，燒殺擄掠達3天之久，然後安然回到巢穴；官兵歸縮府城內，懼不敢出。

北部海盜的總部位於常發生船難的白沙角海岬（桃園觀音鄉大潭村）後方，一處叫白沙屯（白玉村）的大村落；附近的南崁，也是他們的勢力範圍。台灣曾因船難事故而聲名狼藉，被洋船視為「東亞航線的鬼門關」，任何船隻在主要港口以外遭難且漂到海岸，能夠逃過海盜、劫船者荼虐的，可說相當罕見。1850-1869年間，有一五〇艘以上的外國船舶（不含日本、琉球）在漢人居住的台灣沿岸失事，其中有三十艘以上遭到劫掠、焚毀，因而喪生者超過1千人。

1874年1月中旬，美國博物學家史蒂瑞（Joseph Steere）訪問澎湖西嶼，親

眼目睹，「有天，很多人手拿鐵鎚、斧頭衝到岸邊船上，準備出航，好奇一問才知，原來高處望樓偵查到外海有艘失事戎克船，人、貨都在海裡載沉載浮。全島能出動的船隻全部出海，宛如兀鷹搶食腐肉，一齊朝失事的帆船圍攻。」

早期澎湖人靠海吃海的情形，見諸文獻記載，《澎湖廳志》即云：「沿海鄉愚，撈搶遭風船物，習慣成性，視為故常」，「乃船一擱淺，而居民輒冒險撈拾，或將船毀折，以致船主控案，纏訟不休」。有位住西嶼的林孝，平時長齋奉佛，樂善好施，熱心公益，還經常到普陀山禮佛，是鄉民心中慈眉善目的大好人。有天，他到碼頭迎接遠道回來的姪兒，恰好瞧見「有商船遭風壞於外塹港內，得隨眾撈拾有所獲」。這不是澎湖特有的現象，台灣各地討海人把「漁獲」的定義推廣到「海中所有能賣錢的物品」，有時候還把受難者當成「肉票」。

索威拉納號事件

1863年（同治二年）西曆12月31日，西班牙三桅船索威拉納號（Soberana）在白沙角海岬東北方南崁觸礁，事後烏拉洛船長（Capt. Olano）向西班牙駐廈門領事非拉日棟（Fiburceo Faraldo）報告被搶經過（括號內文字為筆者加註）：

天色漸黑，清新的微風拂起，霧氣相當濃厚，飄起毛毛雨，伸手不見五指。一直持續到凌晨2點，船隻突然猛烈向前衝出，連忙下令貼風航行，卻白忙一場，船已遭岩礁咬住，無法脫困。洶湧海浪不斷拍打船身，船體受損嚴重；幸好離岸不遠，希望晨間能救出一些貨物。正想拆下桅桿，不久即發現船艙進水已達8呎，遂備妥小船，準備先救出船員和文件。破曉時刻，發現離台灣本島很近，但海面波濤險惡，不得不放下小船，以便連接一條繩索到岸上，再設法搶救貨物。正引渡纜繩之際，小船被大浪打翻，碎成殘骸，費盡一番手腳，才救起落水船員。再放下第二艘小艇，命運相同。遂再以繩索綁牢能漂浮的救生物，不過還是枉然。最後拋下木桶，居然令人喜出望外地飄到岸邊；但馬上被在地人割斷繩索帶走。再拋下一個裝雞的大籠子，也漂到岸邊，船上漢籍旅客向岸上「同胞」高聲求救，這次後者繫緊繩索，我們為之大鬆

一口氣。不過不到5分鐘，出現上百名手拿大刀的漢子，利用我們放出的纜繩登船。有些對我們搜身，拿走隨身財物；有人進入船艙，洗劫食品、貨物，再從艙口搬運出來。藏在大船旁邊，以帆布蓋住的小帆船裡面的所有文件、航海儀器也被發現，搶匪將文件全丟進海中，帶走儀器。船上上演全面洗劫的同時，岸邊聚集2,000名以上伺機而動的人群。然後搶匪命令我們上岸，逐一扒光衣物，僅剩下內衣褲，有的甚至赤身裸體。終於被安置在一間房屋內，不包括3名他們想勒索300元的肉票。我們都已身無分文，當然無法照付；屋主稱，假如我們願意出具要求西班牙駐廈門領事付錢的文件，那麼他可以先墊付這筆款項。他可能是真意的，或是假裝墊付了那筆錢，3名肉票終於獲釋放，我們也交出借據。1864年1月24日（按或14日），我們一齊被送到淡水，找到英國領事（按領事助理柏卓枝（George Braune）；「副領事」郇和回倫敦養病20個月，要到1月31日才返抵淡水），在等待安排船隻送我們來廈門的停留期間，該領事供應我們衣物及吃住。

> 船長、大副、二副，以及3名船員（簽名）1864年1月19日

（按如抵淡水的1月24日為14日之誤，則寫文件的1月19日為正確日期；如24日正確，則19日似應為29日之誤。日期書寫錯誤，顯見船長驚魂未定。）

日斯巴尼亞國（Hispania, 簡稱日國，即西班牙）曾於1867、1874、1876年，三度向清國提出究辦「索威拉納號案」，總理衙門及台灣官署似未積極處理，後來日國趁「古巴華工事件」之際，威脅將派駐菲律賓艦隊攻台，引起一場虛驚；1877年11月（光緒三年），清國奉上解除澳門華工（豬仔）赴古巴的禁令，另加上西班牙銀幣1萬8千元撫恤費，才息事寧人。

鴉片貿易發財食物鏈

隨著大清國外貿的發展，外籍船舶經常來到中國海，偶有縱式雙桅帆船（schooner）航抵台灣港口，希望獲取貿易機會；更常見的是，滿載鴉片的快船（clipper），為了躲開海盜船的攔截，疾渡海峽，飆至台灣某港販售。打狗和淡水是當時洋商交易要港。1855-59年，一位叫魯尼（Matthew Rooney）的愛爾蘭裔美國人，替美國威廉士（Williams, Anthon & Co.）、魯濱內（W.M. Robi-

net & Co.）、奈氏兄弟
（Nye Brothers & Co.）
三家洋行服務，在打狗
港口建設倉庫、住屋、
碼頭，另以一艘科學號
（Science）舊船當集貨
船（receiving ship），囤
積、販售快船從香港或
廣州帶來的鴉片。1856
年12月，他甚至豎立電
線桿，白天懸掛美國國
旗，晚上燃亮燈光，導
引船隻出入，是台灣有
紀錄的最早電燈，足足
比1885年劉銘傳在台北
巡撫衙門的樣板電燈早
了29年；也可能是清國
最早的「電火」。

▲上海鴉片集貨船（《The Illustrated London News》）

　　大盤鴉片商的總部
通常設在香港，咸豐八年（1858）之前，廣州、福州、廈門、寧波四個海岸條
約港都有全副武裝的集貨船，以方便當地人購買「洋藥」（drug）。之所以稱
為「洋藥」，乃道光二十二年（1842）《南京（江寧）條約》開五口通商（含
上海），未提「鴉片」這個「不雅」字眼，只是默認可以貿易，但畢竟尚未公
開檯面。1858年《天津條約》把鴉片化名「洋藥」，有了如此冠冕堂皇的封號
──「鴉片=洋藥≠毒品」，就可合法納稅進口了。

　　快船在清國海岸上下穿梭往來，攜帶集貨船所需鴉片，載回銀子或其他貨
品。從事這種砍頭生意，需有勇氣十足的船長及膽子特大的船員才能順利執
行，船長當然由「番鬼」或「紅毛鬼仔」──也就是「老外」出任，船員則

▲鴉片船隊（《The Chater Collection》）

大都僱用耐磨耐操、又剽悍異常的馬尼拉人。一般快船載重100-200噸，結構堅固，裝備豪華，流線造型可以高速航行，有些是當時著名的考爾斯懷特廠（White of Cowes）製造的。單就船身大小而言，她們稱得上配備了重型武裝，通常有六～十門砲。裝備精良者或許在左右兩舷各有三、四門砲，每門可重18磅。最大型的船舶在船中央，甚至船尾架有重達68磅巨砲。如此武裝，係因不管運送鴉片出航，或是滿載銀兩返航，都有太多駕著改造歐式船身、快速三桅樓車帆船、又稱廣艇（lorchas）的海盜群虎視眈眈使然。快船通常都配有長達40英尺的重型長槳，假使在風平浪靜或接近陸地，遭受到海盜威脅，情況危急之際，可由5、6人操槳，以每小時3到4結（浬, knots）的速度設法逃脫。

交易通常在集貨船進行，如無駐港集貨船，抵港後就在快船上買賣，不但主動招攬顧客上船，交易後常以美食、好酒款待。漢人銀師（shroffs）的任務是照料鴉片買賣，鑑定銀兩真偽；他們接受任何種類的貴金屬，主要仍用銀兩交易，有時是銀錠，有時是8、9英寸的銀條，也有不少破碎的銀壺、寺廟供物，甚至小飾物；最多的還是東方主要貿易貨幣──俗稱「鷹洋」的西班牙或

▲1840年攻打定海的英國三桅船隊（《The Chater Collection》）

墨西哥銀元。而海盜不光覬覦這些鴉片厚利，凡是可以賣錢的東西，包括高級船員、船隻本身，都是眼中待宰肥羊。

海盜與俘虜

　　根據1865年（同治四年）美國領事報告，有位美籍船長柯利（John Keley）向領事館報案，敘述他遭海盜俘虜經過，以及親眼目睹的海盜生涯：

　　1865年3月4日，我從寧波駕駛洛克威號（*Rockway*）斜桅四角帆船（lugger），只載壓艙物空船航向福州。3月10日凌晨1點，霧氣瀰漫，夜色昏暗，東北風狂襲，航至沙埕水道（Sanpan pass）北方〔、位於溫州灣南面的〕齒頭山島（Chiatonan island）海邊停泊：那裡有許多木造帆船下碇，顯然是想航往寧波；另有兩艘廣艇

（lorcha）停在她們船尾。天剛破曉，正準備起錨，我看到前述廣東船甲板擠滿手持火繩槍及長矛的人群，正準備發射大砲。他們以洋涇濱英語（pigeon English）高喊，要我到其船上，我回曰舢板破損了，無法前去。聞言，每艘廣東船各放下一艘小船，岸邊也來了一艘，登佔我船。船上原先除了我及18名寧波船員，尚有一名歐洲旅客，都被逼下船艙。

他們詢問是否載有貨物或現金，我答說沒有，然後就被強行帶到一艘廣東船，與叫李亨利（Henry Lee）或是叫李泣（Leetch）的奧地利人同關在船尾廚房之類的艙室，從約9英寸的破孔，稍可瞥見外頭動態。大概被囚禁了4天，第4天，海盜船遭幾艘清國砲船攻擊，我從破洞估計約來了九艘官船；交戰後砲船被擊退。那時正值海盜船拔錨之際，於是開船朝北航行，依我的觀察，航抵溫州（Wan-chew）附近的東清灣（Tak-sen Bay）。在該地逗留數日，某夜離開，朝南航行到湄州灣（Meichew Sound），先俘獲兩艘載木炭（charcoal）的帆船，再駛進港中，販售木炭，船員則任其漂流。海盜船另捕獲兩艘裝運無煙煤（hard coal）的帆船，一路押往泉州灣（Chin-chew Bay, 按依位置，此處的Chin-chew應解讀為泉州，而非漳州），在那裡巧遇一艘裝載鹽巴、正開往香港的廣東歐式改造船。

海盜用華語（按可能是廣東話）向載鹽船隻高聲招呼，對方也高亢回應；於是向湄洲南方〔、泉州港外的〕崇武城（Tong-Boo）方向追蹤過去，趁鹽船投錨之際逼近，登船搶奪。海盜割斷鹽船錨索，揚起前桅帆，將彼此的半數船員互調，強迫俘虜為其服務，迫令該船駛出海面。我可以證實航行外海之際，通常容許我們出來透氣；但到了封閉的港口，則再度被關進囚室。不久，遇到一艘載運砂糖及冰糖的福州歐式改造船，上有一名官員、幾位婦女與士兵。海盜登船搶奪，除放過一位婦女、一個小孩，其餘均殺害；然後在湄州灣出售貨物、解體船隻。

隨後航向台灣海岸，在一處根據描述、我認為是雞籠（基隆）的港口停泊3天。我們住在港中一艘歐洲船上，船員都是漢人。之後，海盜再度南駛，我猜大概在尋覓一處便利且安全的停泊地，終於進入一條〔後壠（Aulan）〕小河。雖然不知確切地點，但我確定位於淡水南方（按領事報告載該港為後壠）；根據我的草估，停泊20天後，有艘懸掛英國旗幟〔由伊頓少校（Lieutenant Commander Eaton）指揮的火焰號（*Flamer*）〕砲船出現，我與同伴立即再度遭到監禁。砲船滯留河口2天，還用長程炮火轟擊我們，擊沉一艘海盜船，打傷、擊斃一些海盜。我搭乘的船無人死亡，不過

▲韓國戎克船（W. Blakeney）

彈著點十分迫近，水花濺滿船身，有些裂縫甚至進水。一顆砲彈打斷船檣，海盜遂將殘存的船舶緊靠岸邊水深約只1英尺處，從船艙搬出幾尊砲〔架在岸邊反擊〕。那艘帆船之所以被擊沉，係因彈片擊中吃水線下方船首所致。其間有人從岸上登船幫忙，依我看來，像是官兵模樣。

　　英國砲船離開後，海盜馬上拔錨駛出河口，搭救沉船船員，但未撈取物品，然後航向大陸，在〔馬祖〕南竿（Nanguan）停泊1天，續開往位於溫州東北的島嶼蒲歧山（Pi-ki-san），該處停泊幾艘海盜船。海盜在這裡修理船舶，補充食物彈藥，傷患則送上岸治療。再度出海不久，隨即捕獲兩艘木造帆船，擊退了一艘官方護航船，折返蒲歧山；停留蒲歧山期間，又受到十八～十九艘官方砲船抓癢式的騷擾，開了幾砲就都不見了。我船將俘獲船隻交予其他海盜船看管，就又再度出動。上述情形一再重演，直到駛進〔馬祖群島北方的〕閩峽灣（Leishan Bay），我終於在下述情況脫逃。

　　某晚，海盜正在抽鴉片、聚賭，獄友說舢板現已下水，就緊傍船尾，濃霧覆罩，

夜色昏暗，似可趁機脫逃；我們遂下到舢板，用小櫓划向岸邊，再將舢板推出海面任其漂流，以免洩漏行蹤。整晚就坐在礁岩上，天亮後翻山越嶺，走至三沙鎮（San-Sah），找到官衙，官員嚇了一跳，無法了解我們來自何方；一番比手畫腳，終於讓他們搞懂了，我們同時表達想到南方福州的意願；從3月10日當了海盜俘虜之後，終於在8月28日抵達福州。當時我搞不清究竟「今夕何夕」，還以為已經是10月或11月了呢。

　　海盜善待我們，在海上可以放風，分派工作；但在可能脫逃的地方則監禁我們。身為洛克威號的船東，我不知道我的船和船員的命運，不過我認為海盜不會殺害船員的。我詢問過：「為何監禁我們？」他們回曰：「假如不如此做，外國砲船必會前來追殺，而且你在寧波經營貿易，放過你，就無法接近該港。」海盜通常一見到汽船就馬上避開，但對帆船卻不以為意。我搭的帆船甲板上裝有十二門砲，其中四門16磅、一門18磅，其餘是12磅的砲。艙中儲存各式各樣百貨，以及幾門大砲、小火槍、彈藥

▲鴉片商划小船在海盜村登岸《A Cruise in An Opium Clipper》

等物品。我想其他海盜船也應該配備一樣；被俘獲的改造船則有幾門搶自其他船隻的9磅小砲。海盜頭目能說幾句洋涇濱英語；有人還說幹海上無本生涯已有30年了；某些海盜的巢窟設在台灣。他們攻擊商船時彼此進退搭配良好，除了驍勇善戰，又顯然不太怕死。他們有鐘錶類的東西，大都當貨物販售，而非自用；還擁有、並會使用精良的望遠鏡，甚至有觀看歌劇用的小望遠鏡呢！他們經常駛靠陸地，派人上山眺望，發現任何商船出現，立即飆船追捕。他們曾逮捕一名洋行銀師（shroff），渴望能在寧波或鄰近地方換取大筆贖款。

　　我發現我的銀師已在3個月前離去，不是和我們一齊走的。差點忘了提起，在〔溫州灣南方〕齒頭的時候，有艘英籍側輪汽船（按：可能島嶼皇后號（Island Queen）），曾與我搭乘的海盜船互開數砲。

洛克威號船長柯利（筆錄、簽名）

　　柯利船長前述報告括號內的文字皆為筆者所考據、加入；他透露聘有銀師，從事的似乎即鴉片生意，其他「小」生意用不著銀師。至於筆者推論的島嶼皇后號（Island Queen），則是泊記船長（Capt. Burkett）從1865年初開始，所駕駛的120噸、明輪水車式輪船（paddle-wheel steamer），間或從福州航到南台灣，是第一艘、也是唯一曾到訪台灣的側輪輪船（side-wheeler）；後來賣給了清國政府，改名海東輪（Hai-tong Yuen），1884（光緒十）年西曆8月底法國艦隊攻打福州船廠遭擊沉。

　　上述早期清國與臺灣兩岸間，「靠海吃海」的2個案例，不是個案，而是一再重演的通案。

▲1850年代的爹利士明輪船（《The Chater Collection》）

老地圖・小故事・說台灣

　　2005年5-9月間，國立台灣博物館、國立台灣歷史博物館合辦「地圖台灣特展」，並出版《台灣地圖導覽手冊》及《地圖臺灣：四百年來相關臺灣地圖》。目前線上仍可看到相關地圖的數位典藏。以下介紹幾幅地圖，反映不同時期台灣的小故事。因版權關係，無法刊登的地圖，請參考前述書籍或相關網頁。

康熙臺灣輿圖

　　收藏於國立台灣博物館（原台灣省立博物館）的〈康熙臺灣輿圖〉，曾被認為是康熙六十一年（1722）～六十三年，來台長達2年1個月的首任漢裔巡台御史黃叔璥請人繪製、呈獻朝廷，因此日治時代被稱為「黃叔璥臺灣番社圖」。不過當時來台的尚有另位滿籍的御史吳達禮，為何不是「兩人合獻」的說法？這多少隱含「漢人沙文主義」的味道。

　　黃叔璥（1682-1758），安徽人，留有《南臺舊聞》，《赤嵌筆談》、《番俗六考》，《臺海使槎錄》等涉及台灣之著作，內容皆未提及繪製地圖的大事，似已透露蹊蹺；再由輿圖與《臺海使槎錄》地名寫法不同，如輿圖的八里分（今八里）vs.黃著的八里坌；金包里vs.金包裹；蔴豆vs.麻豆；呵猴（屏東市）vs.阿猴，也顯示並非黃叔璥時代的地圖。

　　1998年，當時省立博物館印製了〈臺灣古地圖〉捲軸，仍稱此幅是「黃『淑』璥來台實地視察，手製長一丈七尺七寸、幅二尺二寸絹地彩繪台灣地圖，呈請康熙皇御覽」。研究者如中山樵、陳漢光、洪英聖、鄭喜夫等指出圖中一些景觀，應早於康熙六十一年，譬如康熙四十三年，諸羅縣治才由佳里興（台南市佳里區）移到今嘉義市，但該圖諸羅縣治仍在未遷移前的佳里興，所以此圖應是在康熙四十三年之前即製成。確切年代仍無法獲知，1931年中山樵指出應介於康熙三十八～四十三年之間；70年後，鄭喜夫修正為介於康熙

三十一年至四十三年之間。

根據山中樵的說法，〈康熙臺灣輿圖〉係1900年義和團之亂，從北京內府流出，被新竹鄭家（鄭用錫後代）購得，鄭家番頭目（掌櫃）某次出示該圖給總督府官員欣賞；1902年（明治三十五年、光緒二十八年）總督府洽購、得之，陳列於國立台灣博物館前身總督府博物館。國立台灣博物館現有原版（簡稱A版），以及臨摹複製的B版、C版；目前該館「地圖台灣特展」展出的是C版，A、B版現送至日本進行修復當中。國家圖書館台灣分館（原台灣總督府圖書館）藏有類似仿摩的版本，稱〈黃叔璥臺灣番社圖〉；國史館台灣文獻館（原台灣省文獻委員會）史蹟源流館也有仿繪的此圖展示，稱為〈臺灣番社圖〉。

細看〈康熙臺灣輿圖〉，有如下特色：

1. 從右方（南部）東港溪畔，直到左邊（北部）干豆門（關渡）沿著海岸，有條紅線，那是清兵巡防線。紅線上方內陸有一條虛線，南起沙馬崎頭（貓鼻頭），北迄八里分社（八里鄉挖子尾），那是當時的「牛車路」，也即是康熙三十六年（1697）來台採硫磺的郁永河，從府城搭牛車一路晃到淡水所走的道路。翁佳音、吳密察等學者考據，荷蘭時代的地圖、文獻都留有這條當時南北縱貫線的紀錄，顯見至遲形成於荷治時期。

2. 全圖處處可見牛隻、牛車，牛不但是當時耕田、負載的動力，也是旅行、遠遊的工具。郁永河於《裨海紀遊》記載：「（台地）雖設兵萬人，營馬不滿千匹；文武各官乘肩輿，自正印以下，出入皆騎黃犢。市中挽運百物，民間男婦遠適者，皆用犢車」。1714年奉旨來台測繪地圖的馮秉正神父（Fr. De Mailla）稱：「此地馬、騾、驢極少，因此以牛代用……看見漢人得意洋洋地跨坐牛背上，像煞騎著歐洲駿馬似的，甚覺好玩」。全圖唯一可見到馬匹的地方在「臺灣鎮」（台南市北區興南里，舊稱鄭子寮、三分子）上方右營盤、中營盤之間，意味著馬匹不普遍。

3. 台灣西邊平原處處可見農田，漢人移民、平埔族都已經進入農耕社會。打獵已漸稀少，只在眩眩社（新竹市士林、福林、武陵里一帶）上方山腳下，

有獵鹿的圖像。高屏溪（下淡水溪）與東港溪之間沿海仍有鹿群，當時該地尚待開發。而從將軍溪、曾文溪的蕭壠社（台南佳里區）以南，檳榔樹或椰子樹處處可見；以北就未畫出，表現出植物分布特色。南北各地村舍都圍著竹林，用來防禦。

4. 從介於將軍溪、曾文溪之間，海邊的「蚊港汛」位置判斷，「蚊港」應該就是「魍港」；也即翁佳音〈臺灣基督教奠基者康德牧師〉乙文，根據荷蘭文獻考據：「魍港是今天台南市北門區一帶至急水溪出口沿岸」。康熙三十三年高拱乾《臺灣府志》載：「蚊港，從南鯤身（北門區）外海過佳里興，分南北二流，東過麻豆社之北復分為二，港有橋曰鐵線橋（新營區鐵線里）」。因此，安倍明義《台灣地名研究》稱：「蚊港在今日嘉義東石鄉塭港」，顯然錯誤；而目前普遍認為「魍港在今嘉義布袋鎮好美里虎尾寮」的說法，有再深入探討的必要。台江內海仍然廣闊，行船無虞。由於為了製圖的方便，把澎湖群島畫成比台江內海外圍北線尾島、紅毛城（原荷蘭熱蘭遮城）所在的崑（鯤）身半島，更靠近台灣本島。

5. 府城及各縣都無城牆、木柵防禦措施，顯示年代在康熙四十三年建成諸羅縣木柵城之前。輿圖中諸羅縣仍在佳里興，諸羅文廟則位於目加溜灣（台南市善化區）。

6. 部分高山山名旁邊加書「人跡不到」；這個「人」指的是不把原住民當人的「漢人」與「滿人」。

〈康熙臺灣輿圖〉的繪製手法，大體遵循明代以來的傳統地圖符號系統，根本談不上科學，所以自稱喜愛觀賞地圖的聖祖當然不滿意，也因此有再度派人來台勘測的行動。

皇輿全覽圖中的台灣與澎湖

康熙四十七年（1708）～康熙五十六年（1717），清聖祖派遣12名耶穌會（the Jesuits）神父前往全國各地，以西洋先進儀器繪製《皇輿全覽圖》，3位負責繪製河南、江南、浙江、福建、台灣等地區的法國神父馮秉正（Joseph de

Mailla）、雷孝思（Jean-BaptisteRegis）及德瑪諾（Romain Hinderer），於1714
年（康熙五十三年）陽曆4月10日抵澎湖，4月16日抵台灣府城（今台南），4月
18日到5月20日間，雷孝思、德瑪諾負責北部，馮秉正主持府城地區、整個南
部，以及附近離島的繪圖工作；5月20日稍後離開台灣，同年11月完成福建省全
部地圖。

　　所繪製的台灣部分，包括西南邊土著稱為Lamai、英國海軍航海圖稱Lam-
bay的小島，神父則標為小琉球（Siao Lieou Kieou）；另外也在抵台前，4月10

日～15日途經澎湖時繪製
了該群島地圖。東半部當
時尚未收入版圖，所以未
納入製圖範圍，因此這幅
Tai-ouan and Isle Formose
地圖呈現的是西半邊「猶
抱琵琶半遮面」的情形，
也反映康熙二十二年12月
（1684年2月）施琅〈恭
陳台灣棄留利害疏〉，次
年4月中旬聖祖下詔設立
台灣府以來的統治範圍。
另外，從圖上標誌的地
名，如Kilongtchai（雞籠
寨）、Tanxouitchin（淡
水城）、Tchulohien（諸
羅縣）、Nganping Tching
（安平鎮）、Siao Lieou
Kieou（小琉球），可以
瞭解他們係使用閩南語音
來標寫地名。

▲1714年馮秉正等神父繪製的台灣澎湖島圖（《皇輿全
覽圖》）

康熙五十八年（1719）陰曆2月，全國繪製的地圖分成全圖、分省圖頒發，聖祖語帶滿意的說：「皇輿全覽圖，朕費30餘年心力，始得告成；山脈水道，俱與禹貢相合」，又云：「朕於地理，從幼留心，凡古今山川名號，無論邊徼遐荒，必詳考圖籍，廣徵方言，務得其正……」（《聖祖實錄》卷283、290）。這也是為何他掌政期間，曾兩度派人來台繪製地圖之因。《皇輿全覽圖》藏在宮內，所以又稱《大內輿圖》。不過民間應有私藏分省地圖者，因為1725年9月德瑪諾在一封信中，提到曾將閩、浙2省的地圖送給經常向他請教水利、地理，頗有交情的閩浙總督覺羅滿保。由此推論，參與繪圖的神父們，應該多多少少私藏一些分省地圖，以應付地方督撫需索的「人情世故」。

馮秉正於寫給P. de Colonia神父長達85頁的信函中留下許多關於台灣平埔原住民，以及官方如何治理的資料：

平埔族有45社，北部36社住處與漢人無大差異；【府城以南的】9社住泥竹茅屋。他們奔跑的速度甚至比脫韁之馬還快，使用弓矢、標槍幾乎百步穿楊。用手取食，喜吃半生不熟的肉類。賽跑或打獵傑出之人，才有特權刺青。至於染黑牙齒、佩帶耳環、臂鐲、腕鐲、頸項珠飾是每人都可以做的。婚姻自由開通，不像漢人注重聘金，也不像歐洲注重門當戶對，小倆口喜歡就好，婚後少男就住在岳家；因此「重女輕男」。

平埔族雖然已經臣服清廷，但仍保有傳統的治理型態。每社自行選出3到4位賢能長老，賦予排解糾紛、處置罪犯的權力，任何膽敢表達不滿或拒絕遵從長老裁決者，立即被逐出家園，永遠不許再回來；而且同族的其他村社也不願收容。

他們以穀物向官府繳納歲貢，由安插在每一村社的漢人通事負責秤量、收取，除了這項工作，通事必須精通土語，以便上級來訪時充當翻譯。這些通事理當協助可憐的平埔族，但卻無所不用其極的使出欺壓、拐榨手法。通事可說是每一個村社的小皇帝，不但社民怕他們，連官員也對之敬畏三分，深怕他們濫用權力，為非作歹。不過那些需索無度、高高在上、專權跋扈的官員也好不到那裡去，經常引起民怨，最後導致民變。

　　說到民變可就恐怖了，徐宗幹留下台灣「三年小反五年大反」名言，那是他痛苦的體驗：台灣道任內（1848-53年）連繫發生王涌、林鬧、林恭、張古、吳磋事件；同治元年（1862）剛升福建巡撫，戴萬生、林日成就送他一個歷時3年的民變大禮，差點成了奠儀。依照許達然的統計，清領台灣212年間，大小民變107次，分類械鬥137次，加起來共244次，平均不到一年就有一次動亂。

　　雖然達飛聲（James Davidson）在《風華美麗島》（*The Island of Formosa, Past and Present*）謔稱：「動亂期間的戰爭次數遠高於美國蓋次堡或拿破崙的滑鐵盧戰役，不過漢人以『暴力語言』為主要利器，彼此惡言相向、輪番『臭幹辣攪』，罵輸的一方就算戰敗，可不能『見羞轉生氣』，必須撤退，因此雙方『揖讓而升』，進退有據，傷亡就不大了。」

革命大哥林爽文逃亡路線圖

　　住在大里杙（台中市大里區）的漳州籍天地會角頭大哥林爽文，於1787年1月14日（乾隆五十一年11月25日）豎旗起事。16日攻佔清軍集結的大墩（台中市南屯），殺死帶兵官。2天後輕易攻下駐兵才剩80人的彰化城，把駐守縣城不降官員通通殺了；19日佔領竹塹（新竹市），民軍擁立林爽文為新領土的「盟主」，建號「順天」，各個頭目則出任大元帥、大將軍等職。

　　1月24日，北路民軍佔領諸羅城（嘉義市），沿途殺了不少官吏，以及不降的泉州籍百姓；不過3月11日，台灣鎮總兵柴大紀率領清兵連同義民，成功的奪回該城。

　　住在鳳山縣港西里篤嘉港（清代原屬港西里瀰濃，現屬屏東縣里港鄉土庫村「卓加」小地方）的漳州人莊大田響應林爽文，自稱「南路輔國大元帥」（有云「洪號輔國大元帥」），率領南部民軍於1月31日攻下左營鳳山縣城。於是一場為期近一年二個月，混雜民變，以及大型漳州人對抗泉州人、客家人械鬥的「林爽文事件」於焉展開。根據官方草估，當時台灣總人口（不含山區原住民）約92萬人，但有66萬7千多人當過「難民」，曾受過政府賑濟，顯見規模之大。

　　清廷最初派了幾位大將，如水師提督（中將）黃仕簡、陸路提督任承恩、

總兵（少將）郝壯猷分批率兵來台鎮壓；不過不但無效果，郝總兵還陣前逃亡，導致鳳山縣城再度淪陷，被皇帝下旨在府城砍頭示眾；兩位出身世家的提督分別龜縮於府城、鹿港「鎮守」，不敢上前線，被乾隆調回。氣急敗壞的皇帝再派原任閩浙改調湖廣總督的常青、福州將軍恆瑞、江寧將軍永慶來台，也是「名聲響叮噹，褲底破一坑」，中看不中用。

直到協辦大學士、陝甘總督福康安在1787年12月8日（乾隆五十二年陰曆10月29日），偕同猛將海蘭察率9,000兵抵達鹿港，以騎兵奇襲戰術，配合義民的協助，才在16日解除被圍困長達5個多月的嘉義孤城（11日諸羅甫改名嘉義）。

站穩陣腳後，清軍隨即展開反攻；民軍節節敗退，望風而逃，才約半個月時間，就被趕出佔領區。現代的「十大槍擊要犯」不是躲在有地緣關係的故鄉，就是往大陸逃；200多年前當時的「十大刀劈要犯」也常是這麼幹的。「革命大哥」林爽文選擇前者，逃回有高壘巨砲，內設木柵兩層，外有溪澗圍繞的大里杙。1788年1月1日、2日經過2天激戰，清軍攻克此堡。

爽文大哥帶著眷屬北逃火焰山（今三義鄉火炎山），再逃入南投山區流竄。清軍於1月中旬攻破集集埔（南投集集），在科仔坑、林圯埔、藤湖口、清水溝（以上皆位於竹山鎮），以及龜仔頭（今水里鄉玉峰村）、流藤坪（竹山鎮田子里內）等地設置要隘，分兵駐守；山區原住民對搞革命的毫不同情，在社丁杜敷帶領下，將林爽文的父親林勸、母親曾氏，以及弟弟林壘、妻子黃氏擒獻清軍。杜敷也曾勸誘名間鄉的民軍征南大都督陳泮投降，顯然是南投很有勢力的大角頭，獲賞千總銜。

清軍攻攻破小半天（鹿谷鄉竹林、竹豐村），大哥趕緊逃竄埔里社；官方在南投境內15處險要地點設置了堡壘，以圍堵逃逸的叛黨，搜山甚為嚴密，林爽文遂再逃到老衢崎（苗栗竹南鎮頂埔里），尋求死忠兼換帖的高振庇護；不過高振對落難大哥另有盤算，林爽文深覺苗頭不對，假意試探：「吾使若富貴」，而高振居然真的就在2月9日（乾隆五十三年1月4日，也有記為1月5日者），將林爽文及其弟林躍抓到清軍大營獻功，也獲賞千總銜。

押送林爽文赴北京、途經漳州時，官員奉令將林家祖墳刨出，在爽文及他很不爽的父親面前燒毀餘骨；最後押到北京審訊，千刀萬剮處死。而從未與林

爽文見過面的莊大田則在3月12日（陰曆2月5日）於風港（屏東枋山鄉楓港村）落網，由於染患重病，就在府城凌遲處死。

國立台灣博物館館藏3種〈林爽文之役清軍與社番駐紮圖〉版本，此次展示的為較小的版本——左側大安溪上游，獅子社（賽夏族）勢力範圍，以紅圈框圍的「海（蘭察）將軍宿營」上方及其右側，標註2處「殺賊戰場」。大甲溪（中間河流）與大肚溪（右側河流）上方，火焰山旁有2處「賊走路」，也即林爽文逃往埔里內山的途徑；另有「生番把守」或「生番守」字樣，顯示清軍徵召不少山區原住民參與圍堵行動。描繪的地點以台中為主，彰化、苗栗、南投部分地區只是旁襯；發生時間當在攻破大里杙，追逐民軍殘部入山之時。

美國艦隊訪台圖記

該特展《台灣地圖導覽手冊》（頁20），簡介咸豐四年（1854）美國艦隊基隆之行，惜無圖片搭配；展場也無地圖展示。由於該行有一張可能是美國最早測繪的台灣地圖之一，以及雞籠（基隆）煤礦分布圖、基隆附近英文地名典故，頗有介紹的價值。

▲1854年美國艦隊繪製的雞籠東邊煤坑位置（F._Hawks）

　　1853年「黑船事件」，美國中國海、日本海遠東特遣艦隊司令培理提督（Commodore Mathew C. Perry, 1794-1858）打破日本鎖國政策後，次年3月培理再度率艦東來，逼迫幕府簽定《神奈川條約》。達成上述首要任務後，立刻執行上級交付的次要任務——派船赴台灣沿海搜尋可能的美國船難漂民，以及勘察雞籠煤礦、港灣的任務。

　　1854年6月29日，砲船馬其頓號（*Macedonian*）、運輸艦補給號（*Supply*）從下田港冒著狂風暴雨出發；隔天，辛克萊少校（Lieut. Commander A. Sinclair）的補給號即行蹤不明，直到7月21日才在雞籠港現身。阿波特上校（Captain Joel Abbot, 1793-1855）率領的馬其頓號，航經潛藏暗潮的彭佳嶼、花瓶嶼、棉花嶼。隨船的耶魯大學高材生鍾士牧師（Rev. George Jones）事後提出〈福爾摩沙煤區訪察報告〉（Reporting on the Visit to the Coal Regions of the Island of Formosa），內文用Agincourt Island, Pinnacle Is., Craig Is.稱呼「北方三島」，

▲阿波特上校（Naval History Heritage Command）

顯然推翻安倍明義《台灣地名研究》乙書稱的，「三島之英文名，係1866年3月由英國海蛇號（*Serpent*）軍艦布洛克船長（Capt. Charles J. Bullock）命名」之說法。

　　7月11日，星期二，馬其頓號繞過雞籠港北方3哩的雞籠嶼，到達港口外，風浪仍強，幸有船夫前來，自請引港，索費5美元。耶魯大學畢業的高材生鍾士牧師，此次特由旗艦密西西比號（*Mississippi*）調來，負責調查煤礦任務，他

THE MISSISSIPPI IN A TYPHOON.

▲培理艦隊旗艦密西西比號（《American Expedition to Japan》）

發現雞籠港長約2哩，陸上風景秀麗，西岸有二漁村，東岸中間一村停滿許多戎克船，退潮時，兩岸浮現淺灘，中有一條水道，可容平底船通行。下午，趁地方官尚未起疑前，鍾士與主計官阿理森（Richard Allison），見習少尉布利日（Kidder Breese）、鍾師（Walter Jones），航海士威廉斯（Williams）在戎克船村（Junktown, 可能是原稱和興頭的崁仔頂店舖街）上岸，開始探勘行動。戎克船村位於今南榮河（石硬港）出海口，忠二、忠三路之間的孝一路上，仍為基隆最大漁獲批發中心。

　　他們發現港區居民普遍使用煤炭，途中遇到一名廈門客，略通英語，熟悉當地情況，自願充當嚮導。後者帶他們到一處存有12噸煤屑的人家，主人稱每噸售價美金2.21元。當時雞籠街人口3,000，崁仔頂店舖街兩旁屋簷前凸，狹隘處甚至相互連接，形成「不見天街」，空氣不流通，臭味撲鼻。為防禦廈門海盜來襲，市街兩端設有牆樓，隘門，另有官兵防守。他們探知東方田寮港上游

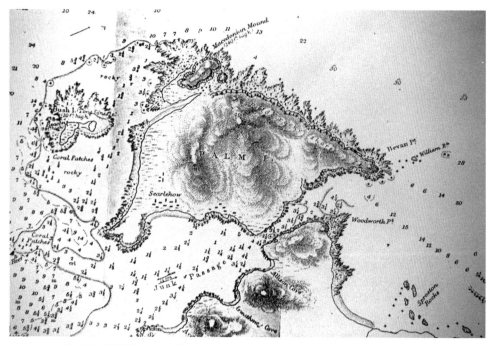

▲1858年測量的雞籠港灣地圖，標出水深，正上方有馬其頓丘（W. Blakeney）

處蘊藏煤礦，立刻動身前往，幾位尾隨的在地人皆曰該處無煤礦，勸其放棄，不過鍾士發現沿路散落零星煤炭，乃繼續沿河東行一哩，果然發現數處煤堆。渡過田寮港，終於在南岸峽谷a, b, c, d處（崇佑企專附近）找到煤礦，時近黃昏，因未帶燈火設備，無法入礦坑探勘，遂折返。

　　7月12日上午，鍾士苦等昨日答應當嚮導的廈門客良久，後者可能受到官方嚴重警告，終未見現身；無奈，只好陪同阿波特船長上岸拜訪地方官員。下午船長、主計官、鍾士等人上岸購買煤炭，但商人不敢賣予他們，推測應係官方禁止，一行乃拜訪當地長官Le Chu-Ou-應是《清代臺灣關係諭旨檔案彙編》7冊上載的該年年中尚為守備（正五品，資淺少校），因功已升《淡水廳志》登載的艋舺營水師參將（上校）的李朝安，鍾士稱他「協台」（Hip-toy, 副將）；不過當時水師副將為駐澎湖的邵連科，邵於下半年升署台灣總兵，接任者為黃進平，並非李朝安；因此可能用詞錯誤或禮貌上戴個高帽，或代理北路協副將之

缺。有將Le Chu-Ou解讀為李竹鷗，應是音譯，筆者遍查史料並無其人。協台說煤炭都來自百哩外的東部海岸，美船要多少可自行隨意採購。

7月13日，鍾士、威廉斯率4名武裝水兵前往11日發現的煤礦處，本日共探勘4處水平淺礦坑，煤質良好，但開採、運送方式全用原始人力、工具，鍾士認為如舖設軌道至田寮港，再用平底船裝運；或直接以軌道連接礦區與戎克村，可以大大改善運送的問題。他用錘、鑿四處敲挖，取得樣品，並據炭層結構，判斷整個山谷密佈廣大的煤層。另方面，留守的布利日四處購煤，卻沒人願賣給他。當天，李朝安為了答禮，派部屬送來一頭牛、幾擔蔬菜供馬其頓號官兵加菜。停港期間，美艦也自行採購食物，市面上各種雞、鴨、牛、蔬菜、水果供應不缺，尤以水果，有新鮮可口的鳳梨、芒果、荔枝、香蕉、水梨等。雞籠人對海軍鈕扣（Navy button）相當感興趣，4個小鈕扣可換1美金，2個大鈕扣則換1.25元；一位水兵用1枚小鈕扣換得一隻雞。

7月14日白天，鍾士昨日過以疲勞，臥病在床。傍晚他陪船長到港灣各島，尋找適合建造「華盛頓紀念碑」（Washington Monument）的石材，但雞籠附近石材均為黑岩黃砂的軟砂石，不適合建築之用。這種砂石經過海浪經年累月的沖刷，形成黑球狀頭的黃色石柱，遠看宛如成千上萬的人頭，所以艦上的測量官普列摩上尉（Lieut. George Preble）將港西太白莊右側突出的岬角命名為「形象岬」（Image Point, 即萬人堆）。普列摩也是首位繪出雞籠港灣正確海圖的人士，他還命名了阿波特岬（Abbot Pt., 海洋大學右前方散佈海中的幾個小

▲1854年雞籠和平島萬人堆（F. Hawks）

岬）、阿理森小海灣（Allison Cove, 中正區公所與福安宮間的小灣）、馬其頓丘（Macedonian Mound, 中山仔島海邊140英呎高的龍仔山）、煤港（Coal Harbor, 八斗子漁港）等，這些地名廣被標於19世紀後葉各國航海圖上。

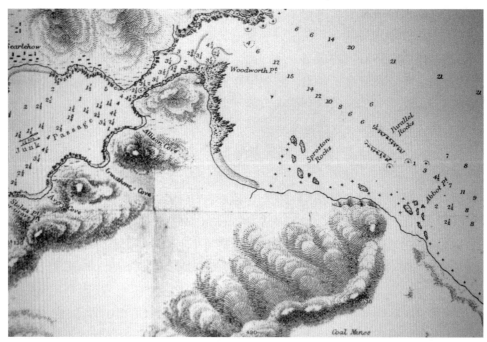

▲以Abbot上校命名的小石礁Abbot Point（右側）；左上中間為八尺門水道（F. Hawks）

　　7月15日，阿波特上校與鍾士牧師往訪李朝安，答謝昨日之禮，並趁機提出往後美國輪船到此購煤的合作方案，以及希望官方代僱四頂抬轎好從陸路到東岸採購煤炭。李協台對前者未作答，至於對美國人員想到東部之行則曰：「萬萬不可，途中有食人番棲息，非我管轄，即便煤炭亦須偷運方能到此。」下午協台身穿官服，帶著僚屬4人上艦參觀，對砲艦武裝甚表讚嘆。李朝安之所以一再阻攬美方勘查煤礦，係執行清國不讓洋人開礦、買煤的政策。1849年6月底，美國首次派奧格登中校（W. S. Ogden）率海豚號（*Dolphin*）到雞籠勘查煤礦，

試圖說服地方官，要求美清雙方合作開礦，但遭拒絕，後者所持理由為「福建長官不許，而且唯恐破壞地方居民的祖墳」。奧格登事後建議美政府與清國當局談判合作採礦事宜，或在台設儲煤站，供應加州到清國航輪所需之燃料。

7月16日（星期天），下午某住民以舢舨載煤至艦邊兜售，宣稱係由100哩外運來，美方知道其所言不實，決定明早自行搭小艇巡視港灣海岸。傍晚，船長的漢僕帶回2位本地人，他們表示如有不錯的報酬，且能保密情況下，則願引導美方人員到5小時航程的岸邊煤礦。美方半信半疑，不過仍留2人在艦上過夜。

7月17日拂曉，阿理森、鍾士、布利日3人，偕同2位穿著水兵服以掩人耳目的嚮導搭小艇出發。他們航向港東，穿過八尺門水道，再朝東南航行2海浬，迂迴繞過驚濤拍岸的人面獅身岬角（Sphinx Head, 八斗子濱海公園尖山子鼻右側海中岩礁），前行不久，上岸即發現煤礦。該地離馬其頓號停泊處不過3哩而已。他們在岸邊高200英呎的斷崖發現e, f, g, h四處淺層煤坑，各坑道長度才100至120呎，煤質均極佳，不過採煤技術拙劣，鍾士認為與其說是「採煤」，勿寧說是「敲碎煤炭」更貼切。普列摩上尉於附近發現一處可供船隻停泊的港灣，他在海圖上標明「煤港」。鍾士認為，假如舖設數百碼的軌道，可將煤炭直接裝上船舶；或以小船在坑口下面直接裝載，運往雞籠港。23年後，他舖設軌道運煤的想法，終於在沈葆楨推動西法

▲ 開台灣西法之先的沈葆楨（M. Berthault）

採煤政策下，才由英籍工程師翟薩（David Tyzack）實現。

稍後，鍾士帶著水兵東行至另一港灣的i村（深澳），該村村民稱東方1哩處有煤礦，願引路前往。半小時後，到了k村（瑞濱火車站附近），發現海邊堆滿煤炭，但品質欠佳，據說煤礦在南邊11-12哩處的山區。時值正午，火傘高照，水兵面現難色，於是僱了艘舢舨返艦。傍晚，官兵又四出尋找適合華盛頓紀念碑的石材，仍無所獲。

7月18日，阿波特船長派鍾士牧師往見李協台，接洽購煤事宜。李朝安初則大打太極拳，要美方自行向商人採購。鍾士表示商人皆稱如無官方特許，不敢售煤予美艦，因此希望能取得官方許可證。但協台稱此事「只能做，不能說」，見諸公文須動用關防，而關防另有專人保管，事易外洩，恐招北京上級責罰，如鍾士帶商人來面見，他可當面下令，如此方可兩全其美。鍾士向船長報告受氣經過，阿波特因此留下惡劣的印象，「與本地人交易，不論官方或百姓，均擅於虛偽、奸詐」。

7月19日，船長決定暫停購煤，等補給號進港再議。下午，鍾士等人赴港外的雞籠嶼勘察，島上無人居住，為黑花崗岩石質，上面蓋滿砂石、煤炭。

7月20日，阿波特船長在鍾士及2名水兵、一位翻譯陪同下，搭小船赴K村南方的煤區勘查。K村一鄉民垂涎鍾士帶的綿布，自願引路，遭村民謾罵不已，但他仍不顧阻攔，力促船長等人快步離村。沿溪谷（基隆河支流）步道南行約半哩，即到達位於一座獨立山頂之l煤坑（地圖上標LL），3天前村民還騙說距離11、2哩路。該坑煤質不佳，位置偏高。下到峽谷，渡過來時的溪谷返k村，距村四分之一哩處又有m煤坑，品質極佳。視察結束，由於小船已先返回，他們朝西步行7哩返艦，沿途發現整個丘谷俱蘊藏煤礦，n處山丘急斜面露出的煤炭質地優良，頗有探勘價值。阿波特後來在訪台報告盛讚雞籠煤礦蘊藏豐富，品質優良，售價低廉，建議與清國合作，而由美國礦業公司在台購地採煤。鍾士認為雞籠有煙煤燃燒過快，無法耐久，如與廈門購得的無煙煤混合使用，可使火力持久，效果更佳。

7月21日早晨，失蹤21天的補給號終於在港口現身。鍾士欲僱帆船裝煤，但

船主不敢答應，無奈，只好再度求見李參將，後者仍是推三阻四，鍾士牧師忍無可忍，指責協台「花言巧語一再欺騙，我等受盡愚弄，今後不再中計」，當然，透過翻譯傳達總會委婉修飾；但李朝安從對方的臉色看得出大體意思，為怕得罪船堅砲利、來勢洶洶的番邦，迅速招船主面示「夜間裝煤到美艦，凌晨須即離去」，用意在避人耳目，杜絕閒話。下午，鍾士帶著負責裝煤的補給號船長辛克萊少校到八斗子煤坑視察，再返港與李朝安議價，賣方開價每100擔（1萬台斤，約為6噸）20美元，協台卻說12美元即可，最後以16美元成交。這已遠低於培理提督「煤價每噸15～20美元，可購50至75噸，最多100噸；如每噸10美元左右，可購300噸」的訓令，最後買了12噸由補給號運往香港。但李朝安為何自動降價？原來，他打著希望美艦協助攻打西部海岸海盜的如意算盤。

7月22日，由於煤價便宜，美艦不停購煤，運煤的帆船也不避嫌的在白天裝來煤炭。有人甚至主動前來兜售，稱如能於晚間交貨，可運來所需之煤。協台向船長的廚子透露，「掌管煤務的官員必然透過商人偷賣煤炭予美方」。

7月23日，補給號仍留港中裝煤，稍後載往香港。馬其頓號則於本日離港，李朝安拖到此時才告訴阿波特，據再深入調查，獲知6、7年前曾有洋船在距離雞籠4、50英里的西海岸失事，船上白人搭小船逃至附近小島登岸，黑人則被棄於船上，全部罹難；美艦如果想到該處勘察，官方可派數艘兵船引導。阿波特看穿李朝安的詭計，因為幾天前他聽參將多次提及距雞籠來回4、5天航程的西岸某地（可能是國聖港）海盜橫行，官府曾派兵往剿，卻死傷30人，想再度攻打賊窟，希望美艦能協助剿匪。李朝安此次再度央求上校援助剿賊，官方願於事後供應大量煤炭當謝禮，但遭阿波特拒絕。協台轉而坦言深怕廈門海賊黃位來襲，如美艦能多盤旋些時日，海賊就不敢染指。阿波特還是不予理會。

尋人方面，阿波特斷言：「我不相信島上有任何失蹤的國人遭到拘留」。他原想沿西海岸察訪漂民的消息，但出發不久，颱風襲擊北台，氣候逆轉，海象險惡，馬其頓號掃到颱風尾，被迫儘速開往馬尼拉，處理2位美僑遭謀殺案。1854年，阿波特接任東印度艦隊司令（Flag Officer, the East India Squadron），轄管中國與日本海域，不過他沒作大官的命，1855年罹患瘧疾，12月14日病死香港。

　　另外，培理根據上述報告，建議應及早在台灣設置殖民地，成立美國遠東商務中心。1855年，原支持培理構想的總統斐爾摩（M. Fillmore）卸職，新任總統皮爾斯（F. Pierce）未採納培理的計畫，該議遂束之高閣。

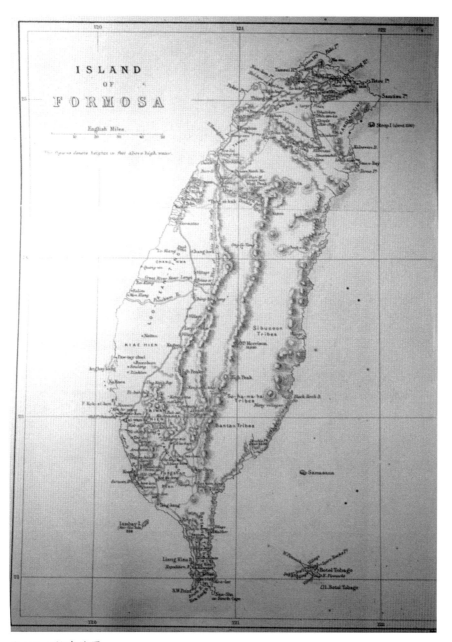

▲Abbott訪台地圖

郇和澎湖煤礦探勘行

1866年2月底，駐台灣領事郇和（Robert Swinhoe）奉調駐廈門；3月間往返打狗（今高雄）、廈門兩地；4月4日正式接任駐廈門領事，告別前後17個月的駐台生涯。

澎湖煤藏曝光

1867年（同治六年）4月4日郇和在致英國駐北京公使阿禮國（Rutherford Alcock）的信函提到：「幾個月前（按1866年10月），我的僕人從打狗搭清國巡邏船義勇兵號（*cruiser Volunteer*）來到廈門，他秘密地向我報告，說該船途中缺煤，在媽宮港（1920年改稱馬公）停泊數日，從該島得到煤炭補給後，繼續行程。」

郇和得知此事之後，除了通知英國駐廈門的海軍當局，並派人赴澎湖暗訪煤炭確切來源地，當地人口風甚緊，因此未查獲任何消息，有說可能是從北台灣雞籠（1875、光緒元年改名基隆）運來的。郇和不死心，1867年3月底、4月初，詢問了義勇兵號輪機長，獲悉該船與另艘清國官船Gorilla號，約在去年10月從打狗航往澎湖群島途中遭遇大風浪，Gorilla號不幸在西嶼（Fisher's Island）觸礁，義勇兵號倖免於難，開進了媽宮港避難，不過燃煤不足，無法繼續航程。船上官員求助當地協台（Heetai, 水師副

▲阿禮國

▲19世紀末的馬公（A. Fischer）

將），後者才神秘地說出島北有狀似黑煤的土壤，並同意義勇兵號輪機長帶著車輛（carts, 可能指黃牛車）與100名苦力遠赴本島東北邊、半天路程的產煤地挖煤，共從表層採得21噸的煤炭，與船上所剩無幾的煤炭混和，差堪使用。義勇兵號輪機長表示：「那座產煤的山丘看起來煤炭蘊含量甚多，不過當地官員不願曝光，以免外國人要求補充煤炭或前來採掘。」

郇和獲悉此事，向阿禮國表示想前往一探究竟，以免暴殄天物。他還標註了該地的經緯度——緯度23度35分20秒、經度119度32分50秒（Latitude 23° 35' 20" and Longitude 119° 32' 50"）。同（1867）年6月，阿禮國於巡視台灣各口商務後，特地到福州拜會福州將軍英桂、閩浙總督吳棠及福建巡撫李福泰，認為澎湖位處海峽中間，如能供應煤炭，委實往來船舶，提議由英國幫同清國開採澎湖煤礦，獲利也可補助清國輪船所需經費，否則任憑廢棄，殊為可惜。不過，仍然遭遇到「採礦會破壞風水的」官式答覆。福建當局並非完全不處理，稍後責成候補知府、本任平潭同知鄭元杰前往澎湖，會同地方文武查勘、議覆。

踏勘澎湖

　　儘管被清官方潑了盆冷水，郇和仍不死心，1867年8月23日下午搭乘布希中校（Commander Bush）指揮的禮露舵號艦（*Rinaldo*）從廈門出發，隔日（24號）近中午時刻駛進媽宮港。郇和馬上派人通知協台，稱將於下午2點前往拜會。協台（稍後提到名字Chang-Hein-Hueis, 指的是同治五年二月──1866年3月起擔任水師副將的張顯貴）剛好赴台灣，由代理的一位「遊府」（a Yuo-foo）接見。乾隆三十六年（1771）成書的《澎湖紀略》所載的「遊府」，即光緒十九年（1893）纂修的《澎湖廳志》（下略《廳志》）載的「遊擊」。當時媽宮鎮尚未建城池，要到光緒十三年才建城垣，副將升格為總兵缺，舊協轄改設總鎮署。

　　緊接著，郇和等人前往距離媽宮鎮1.5哩、位於暗澳（Nangasu, 稍後又拼為Nangaon, 暗澳後改稱文澳）村莊的海防廳（Hai-fang Ting）拜會糧捕海防通判俞紹照（Yu Shaou Chaou）。根據《廳志》〈卷二規制公署及澳社篇〉（文叢164種，1995年宗青版，頁68、78-79），「雍正五年（按1727）改建澎湖通判駐紮文澳」、「文澳社距廳城三里，舊名暗澳。舊廳署暨文石書院在此」、「光緒十五年（1889），奉文移文澳廳署於媽宮城內」。稍後，郇和稱，「暗澳在媽宮港頭的一座村莊」（Nangaon, a village at the head of Makung Harbour）。暗澳或文澳，在目前馬公市東文里與西文里，位於大馬公港灣內的東邊、中間。

　　俞紹照表示，他已接到總督吳棠與代理巡撫（Lieutenant-Governor）（李福泰？）的公函，函中提到英國公使提議探勘澎湖煤礦乙事，福州當局也將派遣一名委員（Weiguan, 按鄭元杰）前來視察，他日夜期盼該委員早日抵達，希望英方代表停留期間能與委員會面。他坦承在青澳（Tchen Bay, 即青螺澳，今湖西鄉青螺村）的一座山丘早就發現煤炭，不過村民認為該山為風水所在，極力反對外人採挖。他還說清國海軍某提督有次搭*Whumtm*號艦來到澎湖，缺煤，用大批白米當贈品（村民稱吳姓提督慷慨地給了一千兩銀救濟金），才獲得村民同意提供數噸煤炭，提督只選擇了小部分這些黑黝黝、像極煤炭的東西，發現煤炭燒起來火勢很旺，會傷及火爐及鍋爐。最後，有村民拿出從一艘沉船上

取得的真正煤炭，提督將兩種煤炭混和使用，這才能夠開航出港，回到福州。但是不久後，許多挖煤的工人無故死亡了，附近村莊的村民也罹患怪病，造成極度恐慌，都認為係風水被破壞的關係。《廳志》〈卷十物產雜產篇〉（宗青版，頁348）載曰澎湖產「石炭（即煤炭，產於青螺山中，象鼻海澨、然所出不多，以風水所係，故無肯掘之者）」。青螺山即當地人稱的虎頭山，海拔高度僅30公尺，西南距青螺村約1公里，東南離湖西村1.5公里。郇和翻譯為Siges Head Hill（獅子頭山）。

郇和詢問俞通判，是否真的相信破壞風水是造成該不幸事件的原因。俞紹照答曰，「任何人不管相信風水與否，傷害都已造成。」他的意思是「事實勝於雄辯」。郇和為之語塞。不過俞紹照答應會立即徵召該村的頭人到煤區，並盡量勸誘村民挖幾噸煤炭供英方測試品質。郇和表示會照價支付煤炭費用。俞紹照原本隔天下午想赴禮露舵號禮貌性拜會，不過英方打算隔天一大早即出發赴煤區視察，因此改約在明天下午兩點半恭候。

「風水」對漢人來說可真是件重大的事，荷蘭歷史學者包樂詩（即包樂史，J. L. Blusse）在〈明末澎湖史事探討〉（《臺灣文獻》24：3，1973年9月，頁52）提到1972年夏天他探訪荷蘭人在澎湖建築的唯一城池——風櫃尾蛇頭紅毛城時，當地一位80歲老翁跟他說，「荷蘭人不能常住澎湖的原因，是因為沒有好風水的關係；因為荷蘭人以前住在的地區是屬於蛇的頭部，因住的地方，重心不穩，結果才被趕走。」

虎頭山與紗帽山煤藏

翌日，8月25日清晨，郇和等人搭著布希船長的小艇（gig）走海路出發，在義勇兵號輪機長說的產煤處靠近岬角的一座村莊登岸，他們原有一名嚮導，在該村又另僱數名當地嚮導隨行。當地嚮導未帶領他們到地圖上標註的地點，而是走了一段長路程，抵達下一個灣澳的另座小村，指出煤炭就在第二個港灣靠海邊岬角處。郇和等人頂著大太陽，加上無風，氣喘吁吁地又走了一段長路，離山丘不遠處，還碰到一名澎湖廳派來監視英國人行蹤的探子；最後，好不容易來到又稱虎頭山的青螺山。該地嚮導露出懼怕的神色，遠遠落在後面，不敢

趨前。郇和要嚮導指出3處鑽探地點，才讓嚮導稍稍避開。

郇和遊目一看，靠海邊的山丘砂石面呈現幾乎全黑色澤，離漲潮高水面上方約10呎地方，有3個看似挖過後再填補回土的洞穴。其中一個洞穴看起來好像幾小時前才挖過，有剛添補的新土。幾位住在離此最近村莊（可能指青螺村）的村民聞訊而至，團團圍住英國人，說他們的村長當天應海防廳（Hai-fang-Ting）的命令，前去官署商量煤炭相關事宜。經過冗長的交涉，郇和不知開出什麼「好條件」，終於誘使村長的弟弟拿來一把鶴嘴鋤（pickaxe），挖了2呎許深，露出約9吋厚的潮濕黑色物質，郇和取了一些當樣本。他初步判斷，黑色物質內混和著煤岩（coal-shale）與半化石褐煤（semi-fossilized lignite），礦脈上面覆蓋著淺砂層與泥土，再往下挖也是同樣構造，也即一層薄紗層與泥土下面又是一層礦脈。郇和認為另外2個挖得較深的洞穴，似乎更值得重新挖開來好好檢視一番，不過村民不答應，只好作罷。

郇和觀察當地土質，發現海濱砂石含有較大圓石塊狀的深藍灰色石灰石（limestone）。由於山丘岩壁並不陡峭，也無斷層，因此無法判斷岩土層的結構。山丘斜面點綴著雜草，上面散佈著石灰（lime）及砂岩（sandstone）岩層。由於附近已無其它煤洞，村民也不肯合作，郇和等人冒著大太陽、又飢又渴地走回小艇，稍後於下午兩點半回到禮露舵艦，剛好趕得上海防通判俞紹照的回拜。

俞紹照告知英方，協台與一名即將接替他的官員（按王兆鴻，該年9月接任海防通判）已經抵達澎湖，並說他接見過幾位頭人，雖然頭人都反對開挖煤炭，不過明天他會再盡力說服他們，屆時定將結果通知英方。郇和告知俞通判上午勘查的經過，懇求通判敦促村民儘快開挖，並希望獲告何時開挖，以便親臨檢視煤炭的品質與蘊藏量等。俞通判回曰，由於英方獲有清國皇命前來，因此這是他的職責所在，假使村民不服從，則不惜逼迫照辦；並稱儘管他在不到幾天內即將卸任（任期1865年12月至1867年8月底、9月初），繼任通判雖也獲有協助英方調查煤礦的命令，但他仍將盡力把這項任務在任期內完成。

8月26日，英方人員拜會協台張顯貴；協台稍後禮貌性回拜，表示幾天後澎湖即將舉行軍隊校閱，廈門水師提督李成謀預計前來主持點閱，至於煤務乙

事，係由主管民事的澎湖廳掌管，不過他仍會盡所能從旁協助。

　　當天上午，郇和耳聞澎湖本島靠近紗帽山（Dome Hill）地方發現有類似煤炭的東西。下午，郇和上岸明查暗訪，賄賂一名知情的老嫗，得知了該地點，也即西方人稱的Dome Bay（圓頂灣），在中文文獻載的蒔裏（裡）澳地區。《廳志》〈卷一封域山川篇〉（宗青版，頁18-19）載，「紗帽山：在大山嶼（按澎湖本島）蒔裏社西北，距廳治十九里……山南有沙脊，名象鼻，垂入水際，下產煤炭。」必須說明的是，Dome Bay面對桶盤嶼及虎井嶼東北海面，紗帽山則在大馬公港灣內（今稱澎湖灣）南面。郇和在蒔裏港（harbour called Dome Bay）的東北方（按應是西北）一處高約150呎（約45.72公尺）的峭壁，也即紗帽山高於漲潮約10呎處，一大片石灰石下面發現有層長達120碼（約109.7公尺）的黏土與煤岩。

　　8月27日，英方人員與澎湖廳官員碰面，發現俞通判尚未說服村民，通判宣稱期盼明天能做到。下午，郇和等人再度來到紗帽山檢視那層頁岩礦脈（shale vein），前一天勘查之際，有幾位漁夫說低潮之時可以看到狀似煤炭的東西，因此他們小心翼翼地趁著退潮來到低水位處，不過峭壁底層堆滿貝殼狀砂石，因此無法看到更下層到底隱含何種寶貝。郇和從頁岩與褐煤的分布，判斷較深底層應蘊藏煤炭。

來自官方與島民的阻力

　　8月28日，俞通判派人到英艦遞交一份32名澎湖耆老反對開挖煤礦的請願書，信差還告訴郇和，通判已決定不會勉強村民就範。郇和急著上岸洽詢相關主管官員，語帶威脅地說，「我是否要將村民違抗，而官員又拒絕執行總督命令的消息帶回稟報？」官員們都回曰「愛莫能助」。郇和返回英艦與布希船長商量今後行止，船長決定下午即開航返廈門。郇和有意留在媽宮，甚至自行前往挖煤，但該艦吃水量太深，無法開往煤區海面，媽宮港離該地又遠，天氣極為燠熱，實在不方便搭小船或走路前往，郇和嘆道，「要是搭乘〔吃水量較低的〕砲船前來，定較方便。」

〈澎湖耆老致澎湖廳請願書〉

我們黃萬（Huang Wang）、李亞（Le-ya）……等（按共32人名單）澎湖耆老，請願如下：

本島雖為彈丸之地，但乃省垣重地，爰請貴廳轉達省方督撫有關吾等請願，並請知會來澎勘查委員，以佑我島民福祉。

自澎歸我大清，與海壇（Haitan）、南澳（Namoa）自古即並稱「海中三山」（the three hills in the sea），為全省咽喉，澎湖又處台、廈中間，號稱「東南屏障」（a screen of protection on the south-east），地位更勝海壇、南澳兩地。

本島東北奎壁澳（Heu-ping）青螺社（the Tsing-lo parish）虎頭山（Siges Head Hill）為全澎龍脈源頭，攸關島民興衰。

之前有一、二貪婪愚民，私挖煤炭，不幸暴斃。全澎耆老有鑑於此，請求官府頒發禁令。自此，視該山為聖山，無人再敢冒犯，島民得能安居樂業。

去歲澎島慘遭饑荒，有吳姓提督（Admiral Wu）恰駕艦來巡，動力所需，尋煤不著。島民代表祈求提督賑災，獲其慷慨解囊，捐銀千兩。百姓感念，知提督船舶缺煤，爭相協助，地方官府乃命百姓於不影響龍脈之地，挖得百擔餘煤炭（按1擔＝100斤＝60.52公斤），轉供提督船舶開航前往福州。

惟，有數人挖煤罹難。渠等係為報恩致死，百姓未曾稍加責難。

今吾等由布告得知，英國公使阿禮國曾至福州拜會督撫，要求訓令貴廳，全力配合英國官員來島勘查煤藏。

聞此，百姓難安，不知如何自處。天地尚知保全生靈，大人身為父母官，也該賜黎民安康。

吾等並非只為己身利害計，乞求保全此不毛之地，而係謀全省福利耳。還請施展官威，保護吾等。並請轉達請願予督撫暨奉派來澎會勘委員，俾能鞏固本省咽喉，確保全澎島民永享安康。全體叩首。

1867年8月（按原文應是清國年月日「同治六年七月」）

隔天，8月29日，禮露舵號回到了廈門。9月2日，郇和致函阿禮國公使，稟報此行詳細經過，認為村民反對的理由如善加誘導，並非難以克服，強調澎湖廳俞紹照與協台張顯貴（Chang-Hein-Hueis）假意答應協助英方，私下卻動手腳，阻礙該案的進行，2人應是罪魁禍首。他表示經過調查顯示，目前澎湖以粗糙手法所挖出「有缺陷的煤」（fault），並非可供汽船使用的「真煤」（true coal），不過好的煤炭可能蘊藏在表面蓋滿頁岩與半化石褐煤的頂層下面，須將海水排乾方可開礦，不是以手工挖掘所能採得。

郇和附上布希船長提供的手繪海圖（愛爾蘭大學編輯的《公使館與領事商務報告》清國第8冊（Embassy and consular commercial reports, China 8），登載的該函未載海圖），標出A、B兩處產煤區，A指青螺虎頭山，B為蒔裏澳（圓頂灣）紗帽山，認為虎頭山交通不便，開採後無法海運，須經陸路長途跋涉運到媽宮或其他港口，煤物在海水漂流幾秒後才下沉，屬較輕的木質炭。而紗帽山位於圓頂灣北方的大媽宮灣內，海水深度夠，又有媽宮好海港，只要在煤區海邊興建一座小碼頭（short pier），即可以船舶裝載煤炭，而且該地的煤層較深、煤質也似乎較佳。郇和還素描了一張紗帽山面臨港灣峭壁位置的繪圖（該書未載）。

郇和此行並未與福州當局派遣的勘查委員鄭元杰碰面。鄭元杰抵澎湖日期不詳；隔了1年左右後，福州將軍與督撫才於同治七年八月十一日（1868年9月下旬）聯名發文總理衙門，稟報會勘結果：「此次經鄭元杰等會勘結果，認定阿禮國所指的產煤處所，原屬虎頭山地方，所出煤炭有限，煤質少焰無力，既由當地紳耆稟經官府示禁有案，應請停止採辦。」台灣知府葉宗元也認為海島民風強悍，開採煤炭乙事，殊多不便。福建通商局乃綜合各方意見，認為此事與福州海關稅務司美里登（Eugène Baron de Meitens）建議開採雞籠煤礦有關，應援案辦理，不予同意。

有關稅務司建議開採雞煤乙案，1864年福州海關稅務司美理登及淡水海關第二任的代理稅務司侯威爾（John W. Howell, 首任淡水海關署稅務司為William Maxwell）建議允許洋人採挖雞籠煤礦。對於上述呼籲，官方充耳不聞。不過私挖仍猖獗，仕紳再度聯名陳請，表示煤坑有大規模私採的傳言，風水必

遭破壞，建請台灣兵備道丁日健採取斷然防制措施。台灣道稟呈福建巡撫徐宗幹（1862～1866在任），後者當時因兼署福州將軍，照例兼任海關監督，正為如何回應洋稅務司的請求傷腦筋，乃想出「堵之以官而開後釁，堵之以民則無可藉口」，於是暗中策動台民簽署〈全台紳民公約〉，內容呼籲大眾協力阻止「靈秀所鍾，風脈攸關」的雞籠山遭偷挖，「若強行開鑿，富者出資，貧者出力，億萬人合為一心，為全台保護山脈，有不遵者，公議懲罰」。丁日健遂將〈全台紳民公約〉呈報巡撫，徐宗幹再轉呈總理衙門，完成了一場狀似天衣無縫的公文遊戲；繼而連續多次發布禁挖布告。

雞籠的「官民合作」、圍堵洋人挖煤乙案，在澎湖故技重施，也蠻有效的。阿禮國與郇和只好徒呼負負。這又與清國的煤礦政策有關，稍後略述。

澎湖見聞

之前，郇和曾於1858年6月搭乘剛強號（*Inflexible*）環航台灣島，1863年8月發表〈福爾摩沙人種學筆記〉（Notes on the Ethnology of Formosa），提及當時已曾造訪過澎湖3次，另於1864年7月搭鴇鳥號（Bustard）搜尋失事的茶船涅蛇比號（*Netherby*），加上這一次，至少造訪過澎湖5次。此次他在函末就澎湖之行，描述煤務之外的種種見聞。

根據澎湖官員告訴郇和，「澎湖群島有16座有人居住的島嶼，包含42村莊，人口5萬，都是來自廈門與漳州（Chinchow）的後裔，口操廈門音。農夫只繳交地租，漁夫則每年每人繳交100錢（cash）。群島駐守2營軍隊，共1,856人，由協台與其他軍官率領。」

澎湖的協台也即水師副將，為從二品；其他軍官在同治六年（1867年，也即郇和到訪年）之前，根據《廳志》〈卷六職官官制篇〉（頁183），「舊制，〔從二品的〕副將統轄兩營〔從三品〕遊（擊）、〔正五品〕守（備）各一員、〔正六品〕千總各兩員、〔正七品〕把總各四員、外委各七員（按又分正八品的外委千總與正九品的外委把總）、〔從九品〕額外〔外委〕三名，每營戰、守兵各一千名。道光六年每營奉裁外委一員；同治七年汰游擊守備，兩營各設〔正四品的〕都司一、千總一、左營把總二、右營把總二、外委各二員、

額外各一名，兵則左營四百零二、右營三百六十名。」換句話說，1867年澎湖
2營兵額應有2千人，但官員口中剩下1,856人，再根據《廳志》，「同治六年提
督李公成謀巡臺，點閱澎營戍兵尚存一千零九十二名。」1,856兵與1,092名，兩
者相差近800人，可見虛報、「吃空缺」相當嚴重。

「靠近媽宮有2座荷蘭砲台（按只有風櫃尾蛇頭山那座才是荷蘭人建造），
群島上散佈著幾座明清時代建築的砲台，全部多少都已傾頹，上面架設老舊無
用的大砲。目前此地無木造戰船（war junk）的配置，協台因此抱怨連連。澎湖
廳通判官署在暗澳（Nangaon），位於媽宮港頭，離媽宮鎮中心約1.5哩。通判
在媽宮設有一個『文口』（Wankow tax-office, 按文職海防人員駐守的海關）由
一名委員負責課稅，每艘進入媽宮港避難風浪的戎克船（junk）收600錢，進港
裝卸貨的船舶課征3,000錢以上。協台另有Wankow課稅，比通判少徵三分之一
的稅。協台說他的稅關每年課稅不超過20萬錢。」郇和統用Wankow稱呼通判
與協台的稅關，不過文官用「文口」，武職水師汛弁駐防地的港口稅關稱「武
口」（武職水師汛弁駐守的海關）。他說，「不論文武官員，都靠著向戎克船
與洋舶船難人員索取『救難金』（royalty）而中飽私囊。」

荷蘭人建築的唯一一座紅毛城，可從江樹生主譯註、翁佳音協譯註的《荷
蘭臺灣長官致巴達維亞總督書信集(1)，1622-1626》（頁4、6、14）得知。至於
其他城堡，都是稍後明、清時代所建。

郇和在另篇文章中提到，海防廳靠不當的強徵港捐爭取外路，港捐數額依
據其公署所需支出而定。他們有權強徵民船，以便載運米糧到內地朝廷穀倉。
被徵召的船舶經常待在港中數月等候裝米或允許出發的天氣，卻只能收到些許
「象徵性」的運費；因此戎克船的主人樂於繳付合理的「壓榨銀」，以求脫
身。這種制度使得不肯繳納「過港費」（toll）或「脫身費」（escape-money）
的船隻遭到軟禁，日久形成慣例，漢人從那時起將官員的這種勒索稱作「口
費」（K'ow-fei or port charge）；雖然「徵船運米」做法稍後停止，惡例仍續
存。軍官爭利也不落人後，雖須花兩千銀兩爭取這個肥缺，徵收的軍事港捐只
有文口的三分之一，但仍有利可圖。戎克船以船桅數量、樑頭大小為衡量標
準，繳納載貨稅額，通常介於20～30銀元之間。

郇和說澎湖各島地質、形狀相當類似，「島皆平頂，有像桌面的山丘，高度很少超過150呎。台地通常有略帶青灰色的石灰礁石（limestone rock）露出，岩石（stone）表面切成塊狀與稜柱狀（blocks and prisms）。特別是西嶼（漁翁島，Fisher's Island），從海上望去，呈現柱狀的玄武岩外觀（basaltic appearance）。漂亮的白色海沙被海風吹到峭壁斜坡，有些地方還吹上頂部呢。馬公港頭硬質的石灰礁石與較軟的灰砂岩被漲潮的海水切割成奇形怪狀，很像雞籠港由培理提督派遣的探險艦隊（Commodore Perry's expedition）所命名的Image Point。那裡岩石的形狀奇特，大片的灰砂岩被海水切割成棋盤式凹槽，侵蝕成凸圓柱狀的砂石則頂著如頭狀物的圓形小石灰石。」Image Point即萬人堆，位於基隆港入口處西邊太白里海邊，係馬其頓號（*Macedonian*）測量官普列摩上尉（Lieut. George Preble）於1854年7月探勘雞籠時所命名。

「山丘覆蓋數量不多的粗草，混雜著不少矮小植物，但種類不多。山坡許多地方種滿蕃薯（地瓜）。澎湖本島中間部份低而平坦，除了種植主食蕃薯外，尚有落花生（俗名土豆）、高粱（蘆黍, sorghum millet）、小櫻類（small millet, 可能指《廳志》〈卷十物產〉載的鴨蹄黍、狗尾黍、番蘆黍等），以及一種粗俗的豆類（按澎湖生產綠豆、黑豆、米豆、荷蘭豆、菜豆、扁豆、刀豆、赤小豆、豆薯等）。由於缺水，水稻生長不易，米成了昂貴的輸入品，島民的主食是蕃薯與蔬菜一起煮食」，郇和稱此行只在島東北靠青螺灣地方看到一條小溪。《廳志》載「稻（澎湖惟大城北、西溪及西溪（按西嶼之誤）之小池角、緝馬灣等社間有種者。若雨水未足，仍種雜糧耳）」。大城北社（今湖西鄉城北村）在奎壁澳，西溪社（湖西鄉西溪村）在林投澳，皆在澎湖本島；小池角（西嶼池東村）與緝馬灣（赤馬村）位於西嶼。

島民從海中取來咾咕石（dead coral）築成圍牆隔開田野，同時也可防海風肆虐農作物。「咾咕石」為近期寫法，《臺灣府志》稱「嘍囑石」，《廳志》稱「老古石」。島民房屋為傳統的清國式農舍，屋頂覆蓋瓦片，圍牆也使用咾咕石，島北為防北風，屋舍四面的咾咕石圍牆建得特高。有些居民在牆內小庭院種了一些南瓜（俗名金瓜）、胡瓜（即黃瓜）、以及其他葫蘆科的蔬果（可能指菜瓜、冬瓜、苦瓜、匏、花匏等）。郇和發現，「不管是庭院或空地，不

曾看到高過5呎的樹木，即便在山丘上也未見有任何灌木叢。」那是風勢過大的影響，纂輯《澎湖紀略》的胡建偉（字勉亭）即說：「澎湖乃海心孤島，率皆平衍，並無崇嶺、密林、飛鳥、走獸，即如草木，乃大地之毛，而澎湖獨無木焉，道上行人欲求一休息之處亦不可得。……其樹亦僅隨牆高下，不能高出牆之外；然亦只有榕、柳二種而已，餘則不能活。草更賤卉，而澎地之草長不滿尺，……至於花木，縱有從內地帶來，不久亦即萎落焉。」（見《紀略》〈卷八土產紀〉；《廳志》〈卷十物產〉，兩版本略有不同）這段早於郇和到訪近百年之前的話，也正是郇和對澎湖的一般觀察與印象。至於當時最繁華的媽宮鎮，「只比一般漁村環境稍佳，有幾間店舖及一處市集，有些街道還鋪著廈門運來的花崗石；有的村莊用花崗石當階梯或當踏腳石。」

▲咾咕石牆（陳政三攝）

農民使用與台灣相同、有著固體車輪的簡陋牛車，沿著崎嶇不平的牛車路穿越平原。18世紀末澎湖尚無水牛，後來引進少許，因缺水，仍以黃牛佔大多數。《澎湖紀略》載：「澎無水牛，只有黃牛」；《廳志》已稱：「澎少水牛，惟畜黃牛，駕車、耕種皆用之。」牛車應是最早期使用的兩個木製車輪樣式，每個車輪各由2片堅實的半圓形木板合成。至於澎湖何時開始有黃牛呢？根據1622年7月率領艦隊進佔澎湖的雷爾松（Cornelius Reyersz），於1624年1月25日致巴達維亞（今雅加達）總督函透露，「澎湖是個很不健康的地方，只有魚和鹹水，但在乾旱季節水還不很夠用。很適合養殖一些山羊和牛。公司卻只運來公牛，這些公牛沒有母牛就不能繁殖，只能宰來吃肉。」荷蘭人於該年9月中旬前撤離，轉到安平，文件再也沒有記載是否有母牛運來澎湖；如果當時當地人有養牛，應該不缺母牛來源。後來荷蘭人入台後，根據1640年12月6日《巴達維亞城日記》記載，從澎湖運來許多頭牛到台灣。

郇和在乾燥的地面發現許多蜥蜴（又稱四腳蛇），種類有兩種。《澎湖紀略》登載守宮（又名蝘蜓或蛇師）、龍子（又分蝾螈與蝎虎）兩種蜥蜴。路旁種有類似蘆薈的不明植物，長梗上盛開紅花，膠狀的葉汁為婦女喜用的髮油。昆蟲類則有蝴蝶、甲蟲、蚱蜢（螽斯）……等，都是一般常見種。他觀察到幾種鳥類，有華南雲雀（south China lark）、清國家麻雀（Chinese house-spar-row）、燕子（swallows），以及據說是17世紀20年代荷蘭人佔據澎湖引進的北非巴巴利鴿（Barbary dove），係豢養的白變種鴿（a domesticated albino）。可能是《廳志》載的「白鳩」：「即知候，每交一時即鳴。本非澎產，得自番舶，故或呼洋鴿；……生育甚蕃，但不自抱雛，以雞代抱……」。

郇和認為華南雲雀與清國家麻雀似乎是僅有的兩種土生土長鳥類。不過《澎湖紀略》與《廳志》都稱，澎湖原無麻雀（又稱瓦雀），呂瑞麟在當澎湖協台時（雍正五年至六年，1727-28年），從內地帶來百隻，養於署中，離任時野放，乃在澎湖到處繁殖。雲雀的分類不一，黑田長禮（1933）把台灣雲雀（*Alauda gulgula*/Skylark）、台灣小雲雀（*Alauda gulgula*/Lesser Skylark）、澎湖雲雀都歸為*Alauda g. wattersi*的3亞種；稍早的德拉圖什（John David Digues La Touche）曾命名澎湖雲雀為*Alauda g. pescadoresi La Touche*（1922）；目前學

名則為*Alauda arvensis pescadoresi*/Pescadores Skylark。依此，澎湖雲雀顯然確有異於台灣或華南雲雀的特殊點。

郇和在澎湖期間，風平浪靜，水面到處浮滿水母（jelly-fish），也見到海底深處生滿了許多種類的珊瑚。較早移植過來的海鳥沿著海灘到處覓食，間或混雜幾隻來自華南的鳥類。蓄水裂隙裡滿布著海草、岩石與砂石，內有黑白相間的海膽（echinus/sea-wrekin），以及奇特種的長肢海盤車（ophiocorna/starfish），後者躲在洞裡，伸出多刺的足部在水面揮舞，其肢足宛如大型海蟲（sea-worms）的腳部。一般石貝殼類（rock shells）相當多，海葵類（actionae/anemones）只見到淡黃褐色種的，間或聚集成群。濱海砂丘稀疏覆蓋著一些華南常見的海濱植物。

「不論白天或晚上，都有漁夫出海，他們使用漁網及魚鉤捕魚，但網眼過密，因此連魚苗都扼殺了。漁船像廈門長型舢板，配備二、三隻船槳與一隻尾櫓（scull）。至於較小的渡船，通常只有一隻尾櫓。魚類相當多，媽宮市場擺滿各種魚，還有南瓜之類蔬菜，供應量充足。家禽與牛隻不缺，島民賣肉給船舶的價錢，比軍營賣給外來船隻的肉類便宜了三分之一。魚乾、鎖（鎖）管乾與黍類是澎湖的主要出口品；稻米及什錦醬菜類（chow-chou, 按 可能是chow-chow之誤）大都從台灣進口。」澎島盛產花生，搾取花生油剩下的殘渣稱為「豆粨」或「油粨」，「粨」讀如「ㄙㄣ」，閩南音「辛」——「剩」下來的東西之意，可當肥料。《廳志》載：「油粨、魚乾出息頗夥」，可見花生油與油粨應該也是主要的輸出品。

「有人販賣各種海貝，較小的貝類則串成項鍊出售。也有從深海撈起的漂亮海樹（ocean-trees），其中大型黑色海樹的主幹與分枝做成手鐲、戒指或耳環，在清國被視為珍貴的裝飾品。不過島民遍尋不著紅色珊瑚，漁夫說當荷蘭人統治澎湖時，紅毛人撈取了許多紅珊瑚；但現在卻再也無法找到這種貴重的東西了，漁夫歸咎於自己的無知與運氣欠佳。」文獻載，澎湖的海樹包括珊瑚類（有紅色、碧色及黑色者，另有種土珊瑚，在水中為淡紅色，出水變白枯萎）與石帆類（扁薄如帆，生於海底礁石上，有紅、黃、白、黑數種）。

船難發財

郇和認為漁夫與農民似乎相當樂天知命，生活狀況比清國沿海的百姓來得好。不只官員覬覦失事船舶，島民「有樣學樣，沒樣自己想」也靠船難發財，「不成文的慣例是，島民會伸援手救助海難漂民的生命，至於難船的船體和載貨，則認為那是他們該得的福利。」

早期澎湖人「靠海吃海」的情形，見諸各種文獻記載，《廳志》即云：「沿海鄉愚，撈搶遭風船物，習慣成性，視為故常。疊經出示嚴禁，三令五申；但積習已久，難免仍蹈故轍」（宗青版，頁162），「乃船一擱淺，而居民輒冒險撈拾，或將船毀折，以致船主控案，纏訟不休」（頁327）。於是閩浙總督文煜與福建巡撫丁日昌在光緒二年（1876）聯名上奏〈保護中外船隻遭風遇險章程〉五條，該年陰曆五月二十七日奉批可。章程大意如下（見《廳志》〈卷五武備海防篇〉，宗青版頁162-164）：

一、定地段以專責成也：責成沿海廳縣會同營汛定明所轄界限，分段設地甲、頭目專人負責。遇有海難層層上報，文武汛官率兵親往勘驗救護。

二、明賞罰以免推諉也：明定官員記功，地甲頭目賞頂戴、匾額標準。最先發現船難者，由失事船主給予花紅，大船最多30兩，中船10兩。

三、定章程以免混亂也：救援人員須聽船主指揮，不得擅自作主，或搬取船貨私吞。違者議處。

四、定酬勞以茲鼓勵也：每救外國人1名賞洋銀10元；救撈之洋貨則估價，最多抽撥三分之一，按照出力多寡、難易給賞救援之人。

五、廣曉諭以資勸戒也：將「救船有賞，不救船或搶奪有罰」的告示書寫於木牌，遍處懸掛。

以往官方對救助船難，基本上採取援救人員不應主動向船主索取獎勵的措施，此次參考歐洲先進國的獎勵措施，以免禁不勝禁，也讓酬勞抬面化。該章程原只頒行福建（含台澎）地區，同年陽曆7月間台灣奉令開始推行，8月間澎

湖繼而實施。後來總理衙門將此章程擴充至全國沿海各省皆適用，山東則於1888年另加一條「添水師以資防護」。

章程一宣佈，馬上有人援用。根據英國駐南台署領事費里德（Alexander Frater）1878年2月4日撰寫的〈1877年英國駐台灣署領事貿易報告〉上載，「有艘外國駁船（lighter）載著珍貴的貨物，因遭風浪、擱淺安平沙洲，船夫駕著竹排（catamaran）伸手協助，在未冒風險情況下輕鬆地搶救了船貨，居然引用撫台公佈的章程，要求獲賞該批貨物三分之一價值的獎賞金。」經過一番討價還價，地方官府與費領事少不得居間穿梭，最後終於以符合比例的合理價錢擺平本案。到底給多少？並未說明。

至於效果如何呢？就台澎而言，清領期，1876年以後海難船舶遭搶的情況，與之前相比雖略有改善，但仍偶有所聞。如，1882年英船海龍號（*Hailoong*）在白沙岬（今桃園觀音鄉大潭村）、1884年9月*Beta*號在草港（鹿港頭南、山崙里）、1885年9月德船*Nicoline*號在鹿港附近，以及1889年1月英輪*Anglo Indian*號在許厝港（桃園大園鄉北港村及南港村），都因擱淺遭搶。

1874年1月中旬，美國博物學家史蒂瑞（Joseph Steere）在西嶼探險，他說「島民搶奪失事船隻可謂聲名狼藉，而且確有其事。漢人水手與漁夫似乎天生就具有海盜性格，認為當珍貴的船貨四處漂流，卻先行拯救船難者的生命，是件愚不可及之事；最好是殺了漂民或任其自生自滅，免得撈起的東西被追討回去」，史蒂瑞舉出親眼目睹之事，「有天在西嶼，很多人手拿鐵鎚、斧頭衝到岸邊船上，準備出航，好奇一問才知道，原來島嶼高處的望樓，偵查到外海有艘失事戎克船，人、貨都在海水裡載沉載浮。全島能出動的船隻都放進海中，宛如兀鷹搶食腐肉，一齊向失事的帆船圍攻。」

清國的煤礦政策

由於汽船漸興，西方列強對煤炭需求甚殷，英、美兩國經常派船到雞籠查勘煤礦。如1847年（道光二十七年）英艦保皇黨號（*Royalist*）、1849年美艦海豚號（*Dolphin*）、1854年美艦馬其頓號（*Macedonian*）與補給號（*Supply*）、1858年英艦剛強號（*Inflexible*）等紛紛來台探勘雞籠煤礦。1884-85年清法戰爭

▲赫德

期間，法國艦隊攻打、佔有基隆，為的也是取得輪船動力的煤炭。郇和本次探勘澎煤，只不過是其中之一。不過面對的仍是清國鐵板杯葛政策。

清國國策向來嚴禁民間與外國人採挖各種礦產，但台灣孤懸海外，禁不勝禁。1866年7月，閩浙總督左宗棠推動的福州兵工廠與船政局成立，需煤孔急；1867年7月出掌船政局的沈葆楨選派候補縣丞鄭應奎常駐台灣，負責採購煤炭及木料事宜，反對採煤的「異見」不復存在，雞籠民間供應兵工廠不少煤炭，當地官員還特地對出港煤炭課征出口稅。1868年，法國技師、福州兵工廠兼船政局煤鐵監工都逢（M. Dupont）奉派來台調查雞籠煤區，勘查了雞籠、深澳、艋舺、淡水，以及北部沿海各村，該年12月間提出一份秘密報告。1870年清國再派官員會勘雞籠煤田，建議開放，由官府設局試辦，頒行〈民營煤窯開採章程〉，不過仍禁止洋商介入經營。

1874年、同治十三年「牡丹社事件」期間，奉派來台的欽差大臣沈葆楨奏請北京當局准許在台開辦新式官煤廠；1875年5月30日（光緒元年四月二十六日）詔諭，「准許先在磁州及台灣試辦開採煤、鐵，惟縱有僱用洋人之必要，務必『權自我操』，勿任由外國攛越。」1875年，海關總稅務司赫德（Robert Hart）延聘的英籍礦師翟薩（David Tyzack）於春季來台探勘煤田，認為基隆八斗子附近老寮坑煤藏最豐、煤質最佳，建議購置機器挖煤、僱用洋工，並興建

一條輕便運煤鐵道；該年年底翟薩奉派赴英添購必要機器，並聘僱一批洋匠。

1876年5月，首批英籍洋匠4人抵台；9月中旬之前，翟薩帶著另批英國技師及挖煤機器抵台，在離基隆東方3哩海灣處、最有前景的八斗子（Pa-tou or Hatto）設置官煤廠，八斗子稍後以「煤港」（Coal Harbor）著稱。1877年初開始架設機具，直到同年底官煤廠才架妥整套機器。這是早期雞煤、也是台煤開辦的過程，不過稍後的發展卻不順利。這是後話，容另文介紹。

日治時期原住民海外及島內觀光記

　　100多年前，明治四十一年（1908）2月3日～13日「第七次山地事務會議」討論「舉辦原住民觀光有無更佳方法」，[1]各廳警務課長有認為短期觀光較好，有認為短期效果不彰、長時間的觀光活動較有效果；有認為不應將參加者限定於頭目及「有力者」（有影響力者），應儘量遍及全體原住民；阿緱廳（屏東）警務課長中川認為：「（排灣族）婦女在社人中最有勢力，希望儘量讓婦女參與觀光。」大多數咸認，應增加觀光次數，讓大多數參與，多包括最有啟發效果的兵營、武器展示及軍隊操練等項目，並提供相關相片、增加魔術表演以增進瞭解；贈與禮物不必多，以免失去舉辦的意義。

明治三十年（1897）8月原住民首次訪日

　　第三任總督乃木希典任職期間（1896.10～1898.2），為了讓各族了解日本各方面的進步與實力，以便「撫蕃」工作進行順利，本年8月3日～31日（前後29天，在日本實際10天），總督府首度安排台灣原住民赴日本內地觀光，遴選大嵙崁（桃園大溪鎮與復興鄉）、林圯埔（南投竹山）、埔里社及蕃薯寮（高雄旗山）四撫墾署轄內頭目或有影響力者，含泰雅族、布農族、鄒族及澤利先（魯凱）族，赴日本觀光。遴選過程，大都以各種理由推託，經勸導後才有13人同意。

1896年底至1897年初原住民抗日背景

　　(1) 明治二十九年（1896）10月中下旬，日軍攻打曾在莿桐腳（屏東枋山鄉）殺害日本人的排灣族阿乳芒、本霧、蔴離巴社（獅子鄉內），為對原住民

1　台灣總督府警察本署編，陳金田譯，《日據時期原住民行政志稿》第一卷（原《理蕃誌稿》），頁490-491。

動武嚇矢。[2]

　(2) 1896年間，排灣族認為日軍電線設施導致族內瘟疫傳染，阿乳芒社結合林少貓的部下盧陳抗日。[3]

　(3) 1896年11月，花蓮新城守備隊13人因不尊重太魯閣群習慣、嘲笑其婦女，全遭該族殺害。[4]

　(4) 1897年1月間，陸軍步兵大尉深堀等14人勘查埔里至台東廳奇萊（花蓮）橫貫路線，途中於霧社附近全遭殺害。[5]

　(5) 1897年1～3月間，為報復去年新城守備隊屠殺案，派遣守備隊、軍隊、葛城號軍艦，並徵召600名南勢阿美族征討太魯閣社，戰況膠著，改採物資封鎖，頗多日兵罹患瘧疾，5月撤軍，日兵被譏為老舊無用的「村田銃」。[6]

早期台日航線

　　配合本文的描述，有必要先說明台日航線與搭乘所需天數。初期航次須繞經沖繩，費時7天以上。1897年起，「日本郵船會社」每月從基隆開出2航次，經九州北方福岡縣門司港（Moji）附近的關門海峽，進入瀨戶內海抵達本州兵庫縣神戶（Kobe）；同年起，「大阪商船會社」從基隆每月3次，經門司、廣島縣宇品港（Ujina）抵神戶。翌年「大阪商船會社」每月加開2航次基隆——神戶直接航線，中途也只停門司，航程縮短到4晝夜。1908年12月～1919年底，使用時速16海浬的櫻丸號，只需2晝夜；輪船噸數也逐漸增加，從最初的1千噸級，到1912年的6千噸，1925年改為1萬噸級；1925年新闢高雄——橫濱線，每年有72航班，使用時速10海浬、3千噸級船。[7]

2　《日據時期原住民行政志稿》第一卷，頁28。

3　藤井志津枝，《日治時期臺灣總督府理蕃政策》，頁43-44；許極燉，《台灣近代發展史》，頁248。

4　《日據時期原住民行政志稿》第一卷，頁31。

5　同上註，頁382。

6　《日據時期原住民行政志稿》第一卷，頁31；藤井志津枝，上引書，頁47-48。

7　井出季和太著，郭輝編譯，《日據下之台政》第一卷，頁97-98；蔡采秀〈日本的海

行程與檢討

13人日本觀光團出發前，軍務局參謀長立見代表總督致詞，讚揚他們富於
進取心，將搭巨輪越過萬里波濤至日本考察，精神可嘉，同時提醒參觀應注意
事項，如「參觀工廠應注意機器及運轉方法，參觀軍隊時應注意規律井然」，
立見參謀長強調，「目前日本如此繁榮，係因廢除從前戰爭時以斬得甚多人頭
為榮的惡習，……汝等必須努力仿效，以期故鄉如同日本繁榮」。一行於8月
3日從基隆出發，參觀九州長崎及本州的大阪、東京、橫須賀等地，31日返抵
台灣。《理蕃誌稿》並未詳載行程，從陪伴他們赴日參訪的民政局技士藤根
在《原住民觀光日誌》發表的陪同報告〈向來の卑見〉，上載實際只在日本10
天，再從有參觀長崎來看，顯然他們搭乘的是須繞經沖繩的航次，單程至少需
時7天以上，否則不至於只在日本停留10天。

藤根〈向來の卑見〉提出原住民觀光的成效與建議：「原住民驚嘆日本
土地廣大，全部參觀完畢恐須5、6年，並盛讚軍隊強盛、國家富強、火車便
利。……大嵙崁族人對於沒有參加此次觀光，甚為遺憾與抱怨。相信其他地區
原住民大概也有如此感想。因此這種觀光活動確有效果，有必要繼續舉辦。建
議成員每團20～25名較適當；此次在日期間只10天，太短，以至於不得不放棄
幾處地點，如要參觀各地之兵營或兵器廠，停留日本期間以3週為宜；遴選尚
未參加日本觀光團的部落副頭目以上，特別是尚未「開化」的深山部落，以及
知識較高、容易教導增產方法的恆春與台東地區原住民參與最佳。另外，原住
民很好奇，無所不問，因此引率者（陪同人員）須學識充足，方能一一確實說
明。」[8]

上經略與臺灣的對外貿易〉，《臺灣商業傳統論文集》，頁207；劉素芬〈日治初
期台灣的海運政策與對外貿易（1895-1914）〉，《中國海洋發展史論文集》第七輯
（下），頁647。
8　陳金田譯，《日據時期原住民行政志稿》第一卷，頁47-48。

安排排灣族赴英國表演

第五任的「理蕃總督」佐久間左馬太（任期1906年4月～1915年5月）於明治四十三年（1910）安排阿緱廳（屏東）恆春及枋山兩支廳轄內排灣族高士佛等8社、男女共24人，赴倫敦「日英博覽會」表演。

該年2月21日台灣總督府民政長官大島久滿次（1908.5.30-1910.7.27離職）與「日英博覽會餘興部企業集團」代表人Juliun Hick簽署合約書，詳細規定雙方的權利義務：**9**

(1) 博覽會期間台灣原住民演出者應在英方指定的場所或建物內表演該族「生活狀態」；至於是否表演舞蹈或參加遊行，則由原住民自行決定。

(2) 英方應負擔2名日本引率者（通曉排灣語的警部補石川種象和巡查板倉重太郎）及24位原住民的往返

▲佐久間左馬太攝於台灣總督任內（《台灣鐵道》1910）

旅費；2名引率者的船費與火車費分別為一等及二等，原住民（較委屈只能）搭三等船艙及火車位。

(3) 原住民從故鄉出發到返鄉期間，英方每日應支付每人日幣1圓；每天的津貼及住宿費應於每週前先付。引率者旅費津貼應依日本政府規定之數額，由

---

9 陳金田譯，《日據時期原住民行政志稿》第二卷（上），頁154-155。大島於1910年7月27日涉及貪污去職，由宮尾舜治暫代，8月22日內藤嘉吉接任。有稱大島與內藤在9月12日交接，並不正確。參閱黃昭堂《台灣總督府》。

英方支付。

(4) 所有表演者及引率者的食物費用也由英方支付；如引率者認為有必要提供排灣人菸酒時，英方應支付菸酒費。

(5) 博覽會期間如排灣人要求返台，英方不得拒絕，且需負擔回鄉旅費。

(6) 引率者及排灣人如有生病、受傷或死亡情事，英方應負責治療或撫恤。

排灣人於1月間赴日本，2月21日從九州北方福岡縣門司港（Moji）搭乘加賀丸轉往英國（之間在日本至少3週以上，可能有安排日本觀光），在「日英博覽會」表演。翌年（1911）6月返抵台灣，佐久間總督在官邸（1901年11月落成，今台北賓館）接見，慰勞出國半年的辛勞並致贈禮物。排灣人對倫敦印象深刻，有人表示，「倫敦市街宏壯華麗，車水馬龍，工廠林立，產品精巧，商業發達，金銀財寶融通如流，不知勝於台北幾十百倍」，此人喝過洋墨水、開

▲1910年赴倫敦「日英博覽會」表演的排灣族（Shinji Ishii, The Island of Formosa and Its Primitive Inhabitants; 陳政三翻攝）

眼界後，居然建議把矮陋的山地事務本署官衙重建成宏偉的建築。24名排灣人中已有2、3人會說簡單的英語，而且每人積蓄了不少盤纏，「少者二百餘圓，多者五百圓以上」。依據合約，排灣表演者每日可獲得1日圓，旅費、食宿皆由英方支付，假使沒有任何零花，在英6個月期間最多也只能積蓄180多圓。那又如何累積了200～500圓呢？訣竅可能出在合約規定的「是否表演舞蹈或參加遊行，則由原住民自行決定」，換句話說，他們可能參加了賺取「外快」的舞蹈及遊行表演。

　　2年後，1912年5月10日至6月4日，英國博物學家兼攝影家威廉・普萊士（Willard R. Price）前往阿緱、台東及花蓮港廳採集動植物標本，曾赴英國表演的排灣人獲知消息後，向當局反映因在倫敦期間接受優厚待遇，想設宴款待普萊士，並負責他在該地的一切事宜。6月1日，普萊士來到高士佛社接受招待，席間彼此還以英語交談，排灣代表蒂埔・沙崙崖致歡迎詞表示，「從英國回來後整個思想因此改變，……我們必須重視子弟的教育，同時送留學生至貴國深造」。

赴英表演前後之抗日背景

※明治四十二年（1909）7月底至9月底，擴張新竹廳內灣及上坪兩隘勇線，遭泰雅族激烈抵抗，52警戰死、18工人被殺，共168人受傷。[10]

※1909年日本巡邏船扇海丸號於8月1、6日及9月9日，砲擊太魯閣群各社。[11]

※1909年11～12月間，新竹廳泰雅族上坪（竹東鎮上坪、瑞峰里）前山群西雅奧、巴斯克蘭社，2度襲擊襲擊南庄支廳隘寮，並攻擊北埔支廳隘寮1次，共殺23人、傷5人。[12]

※1909年12月14日，中央山脈探險隊2警部遭通事鄭清貴刺殺身亡。

---

10 《日據時期原住民行政志稿》第一卷，頁595-596。
11 《日據時期原住民行政志稿》第一卷，頁602-603。
12 《日據時期原住民行政志稿》第二卷（上），頁31。

※明治四十三年（1910）1月29日，桃園廳雅奧罕群（Gaogan, 高崗群，桃園復興鄉三光、華陵村）卡拉埔社、馬利克灣群33人，跨境襲擊宜蘭叭里沙支廳九芎湖（宜蘭三星鄉員山村九灣湖）山地駐在所，日人8死、3傷，隘勇1亡。[13]

※1910年2月16日，大嵙崁竹頭角社、吶哮社（桃園復興鄉長興村）砍斷鋼索吊橋、焚燒瞭望寮。翌日襲擊合流分遣所，遭機槍逐退；此後仍頻出草。[14]

※1910年4月7～8日，桃園廳雅奧罕群蒂立克社30餘人襲擊叭哩沙支廳山區道路工程隊，殺8人、傷3人（含2日警）。[15]

※規模最大的、也與下述其他「觀光團」有關的是，1910～1914年總督府「蕃務本署」（1909年10月設）推動「五年理蕃計畫」，預算總額1,540萬元。1910年、明治四十三年設雅奧罕（高崗）隘勇線，動員2,000武警，後又出動軍隊鎮壓大嵙崁泰雅族，5月在新竹、宜蘭，9月在桃園建立隘勇線。軍警、隘勇、工人死傷461人，沒收槍械1,110支。[16]

「理蕃總督」佐久間四度安排原住民日本觀光記

第一次日本觀光團

　　明治四十四年（1911）4月1日～4月21日（3週），安排泰雅、排灣、卑南族共10人赴日本觀光，為佐久間總督任內首次日本觀光團，也是總督府正式安排的第二次赴日考察團。

---

13 《日據時期原住民行政志稿》第二卷（上），頁49-50。本文今昔地名對照及日本地名，全由筆者考證。
14 同上註，頁52。
15 同上註，頁62。
16 宋建和譯，《日據時期原住民行政志稿》第二卷（下），頁127。

抗日背景

※本年3月27日，太魯閣群西奇坤社30人襲擊南投廳櫻峰（合歡山西南，海拔1779公尺）分遣所，遭擊退。

※4月，日警攻打3月間包圍分遣所及交易所的新竹北勢泰雅族。

赴日參訪的原住民名單

姓名	頭銜	族群	今址
伊邦武留那	原住民兒童教育所雇員兼教員	桃園廳角板（角板山）社	桃園縣復興鄉澤仁村
泰摩哇丹	頭目	桃園廳角板社	同上
油眠駱群	頭目	桃園廳雅奧罕群（Gaogan）蒂栗克社	桃園復興鄉三光村
油柑薛	頭目之子，業農	台北廳烏來社	台北縣烏來鄉烏來村
耶西由埔由（漢名潘望由）	巡查補	嘉義廳九某宇社（チヨボウウ，可能是鄒族特富爺社）	嘉義縣阿里山鄉達邦村
留督散克龍	恆春種畜所傭員	阿緱廳馬栗波（麻裡巴）社（分內、中、外3社）	屏東縣獅子鄉楓林村
拉巴拉雅欄	萃芒（春日鄉士文村）公學校雇員兼教員	阿緱廳馬栗波社	同上
留西邦武力比	巡查補	阿緱廳武力逸（布立逸）社	屏東縣獅子鄉內獅村
卡斯督留	巡查補	台東廳卑南社	台東市南王、南榮、卑南、岩灣等里
黎魏留	巡查補	台東廳西亞西社	

　　4月1日他們由2名警員陪同，從基隆搭船至神戶、京都（參觀本願寺宗組大師第650回法會）、兵庫縣姬路、大阪、九州福岡縣的小倉及枝光等地觀光；4月21日返國。

▲1912年赴日觀光考察，在東京帝大留影的泰雅戰士（鳥居龍藏攝；明信片，南天書局提供）

▲1912年赴日觀光考察的泰雅青年（鳥居龍藏攝；明信片，南天書局提供）

5月9日山地事務本署通知相關廳長，轉知赴日本觀光考察者須向主要部落的頭目及勢力者發表感想。根據巡查補耶西由埔由（漢名潘望由）在中埔支廳（嘉義縣中埔鄉）頂笨仔山官吏駐在所發表的觀光感想，除可瞭解參觀者的感受、瞭解較詳細的參觀行程外，也顯示了日方安排的用心與重點：

(1) 參拜京都本院寺者人數甚多，可知日本人篤信佛教。

(2) 兵器工廠規模宏偉，有許多大砲與火槍。

(3) 地雷爆炸力強大。

(4) 汽車頻繁往來，交通非常便利。

(5) 電車速度甚快；電燈明亮、色彩燦爛，變幻莫測。

(6) 不知飛機為何會飛翔？

(7) 織布工廠規模宏大。

(8) 大阪練兵場軍人操練整齊，紀律森嚴，且動作一致，熟練齊射。

(9) 大阪砲兵工廠以機器製造大砲、火槍及子彈，很少用人工。我們要10人才搬得動的1顆砲彈，1部機器即可搬動自如。

(10) 大阪城龍虎石巨大令人讚嘆，天王寺高大宏壯。

(11) 福岡縣枝光製鐵工廠內的機器又大又多，可自由運搬截斷的大鐵塊。

(12) 小倉市製紙工廠內的大釜可將破布或稻藁煮沸，製成紙張；製冰工廠可將水變成冰塊。

(13) 日本到處有學校，男女學生甚多，從小即受教育，規規矩矩讀書，因此知識發達，精通各種情事，且待人親切。

(14) 佐久間總督訓示，會經常保護我們，但若反抗則會派兵討伐。

此次時間太短、行程太趕，搭船單程前後至少須4天，所以實際在日本僅約2周；第二次延長為前後39天；往後也都在1個月左右。

第二次日本觀光團

明治四十四年（1911）8月15日～9月23日（前後39天，實際考察1個月），參加人數包括7廳主要部

▲莫那魯道雕像（陳政三攝）

▲霧社事件紀念雕像（陳政三攝）

落頭目43人。昭和五年（1930）「霧社事件」的主角莫那‧魯道（1882～1930卒）也在此次參觀名單之中。[17]

抗日背景[18]

※本年5月5日，雅奧罕群泰雅人襲擊隘勇，造成1死、1傷，奪槍2把。

※5月15～16日，南投支廳白狗南山（仁愛鄉力行村，烏溪上游、北港溪北側，海拔2872公尺）隘寮遭襲，死亡1巡查補、6隘勇，工人也大多被殺。

---

17 戴國煇編著，魏廷朝譯，《臺灣霧社蜂起事件研究與資料（下）》，頁401-402。
18 《日據時期原住民行政志稿》第二卷（上），頁197、200、214-215、219-220、223、232-235。

※6月14日，布農族在台東廳馬丁克留山襲擊山地測量隊，擊斃1名測量員，擊傷1巡查。

※7月4日，新竹廳北勢群100人襲擊苗栗大湖支廳隘寮，遭機關槍擊退，日方3死2傷。

※8月23日晚間，5名未歸順七腳川社人侵入太巴塱（花蓮光復鄉東、西、南、北富村）公學校，襲殺舊慣調查會委員平井又八。

※7月25日～9月10日「成廣澳事件」：阿美族不堪修路勞役壓榨、沒收槍支、巡查侮辱頭目，群起圍攻成廣澳支廳（台東成功鎮）、公學校。

※9月12日，大嵙崁支廳埔烈烈克隘勇監督所遭50餘泰雅人伏擊，隘勇3死、3傷。

參觀行程：[19]

日期	參觀地點
8月19日	（兵庫縣）神戶市、楠公神社
8月20日	島田玻璃製造所、大阪製冰會社、新田製革所、大阪四天王寺（日本最古老寺廟，建於西元593年）等
8月21日	砲兵工廠、兵器分廠、騎兵聯隊
8月22日	妙心寺
8月23日	（京都市郊）伏見師團、（京都東南方、滋賀縣）大津疏水及發電所、物產陳列場、動物園
8月24日	大谷派本院寺及枳殼邸、智恩院、小學校及幼稚園
8月25日	（愛知縣）名古屋市
8月26日	（名古屋）熱田神宮、師團司令部、熱田車輛會社
8月27日	（愛知縣）安城農林學校、商品陳列所
8月28日	抵達新橋（可能指東京都港區的新橋，與中央區日本橋、銀座相連）
8月29日	休息，剪髮、洗澡、洗衣物

19 本文日本觀光行程（）內文字皆為筆者加入；另有些名勝也根據實際名稱更正。

日期	參觀地點
8月30日	步兵第一及第三聯隊、砲兵工廠
8月31日	（東京）板橋兵器倉庫、工兵大隊
9月1日	近衛步兵聯隊及騎兵聯隊、士官學校及幼校
9月2日	糧秣廠、三越布莊
9月3日	（東京）上野動物園（日本首座公立動物園，明治十五年開園）、博物館、上野納涼博物館、淺草公園、山田式飛行船
9月4日	（神奈川縣）橫須賀鎮守府及軍艦丹後號
9月5日	新橋演藝館
9月6日	拓殖局
9月7日	抵達京都
9月8日	休息
9月9日	抵達（岡山縣）岡山
9月10日	工業學校、公園及商品陳列場
9月11日	師團、山下尋常高等小學校
9月12日	抵達廣島
9月13日	重砲聯隊、火柴製造會社
9月14日	（廣島縣）吳（くれ）鎮守府
9月15日	（廣島縣）嚴島（又稱宮島）
9月16日	（福岡縣）小倉師團及北方練兵場
9月17日	小倉製紙會社
9月18日	（今北九州市）八幡製鐵所
9月19日	休息
9月20日	搭乘讚岐丸
9月23日	抵達基隆港

※航程前後4天，顯然他們搭乘不繞經琉球群島的直接航線。

第三次日本觀光團

　　明治四十五年（1912）4月30日～5月27日（前後28天），招待泰雅族53人赴日，其中台北廳3人、宜蘭廳10人、桃園廳13人、新竹廳12人、台中廳5人、南投廳10人，由11名警員陪同，4月30日從基隆港出發前往日本觀光考察，行程有東京、神戶、橫須賀、名古屋、京都、奈良、大阪、吳、廣島、枝光等地。

抗日背景[20]

※1911年11月間，新店支廳泰雅人襲擊奇爺坤溪、南勢溪上游腦寮，攻擊駐在所，擊斃腦丁5人、隘勇3人，擊傷巡查、隘勇各一。

※12月16日，新竹廳泰雅人在樹杞林支廳（竹東鎮）合流分遣所附近耶巴罕（Yabahan）溪畔襲擊日警及隘勇，擊斃9人。

※1912年1～2月間，軍警攻打經常出草的台中廳大安溪左岸（苗栗泰安鄉、卓蘭鎮）泰雅北勢群。

※1月底至3月1日，宜蘭南澳群15社襲擊腦寮、隘勇線、警所，遭大批軍警鎮壓。

第四次日本觀光團

　　明治天皇卒於1912年7月30日，8月起改為大正年號。大正元年（1912）10月1日～10月31日（前後31天），共招待50名泰雅族赴日。

抗日背景

　　本年9月11日～28日間新竹廳爆發「李棟山之役」（即「太田山事件」），[21]泰雅族400人攻擊李棟山、田勝山、那魯山隘勇前進隊、太田山砲

---

20 《日據時期原住民行政志稿》第二卷（上），頁243、248、264-266、395。
21 同上註，頁300-305。

台：12月遭炮火鎮壓，日方戰死205、受傷388人。翌年（1913）再度爆發戰事，7～9月出動軍警，雖沒收一些槍支，但死傷250名。

　　為籠絡泰雅族，佐久間總督遂再辦任內第4次日本觀光團，其中桃園廳10人、新竹廳8人、宜蘭廳12人、南投廳15人，共50人，全是泰雅族，由9名警員陪同前往。參觀行程為：近衛、伏見、名古屋、大阪、廣島、小倉師團、吳鎮守府，以及東京砲兵工廠。

　　返台後，龜山警視總長曾詢問觀光感想，得知他們在日本參觀且搭乘「如大鳥飛翔空中」的飛機、目睹「宛如螞蟻聚集在一起」的子彈製造、「如瀑布之水不斷射出子彈」的機關槍、軍隊演習、各式火砲，以及停泊基隆港內石見艦12吋大砲。龜山少不得趁機曉諭一番。到內地開了眼界的各廳頭目回到部落，必須依規定向族人簡報各種見聞；1913年5月號《蕃界》雜誌就登載了一篇〈內地觀光蕃の感想〉，整篇都是歌頌日本的進步與偉大。不知可有「灌水」？[22]

▲《蕃界》雜誌（陳政三翻攝）

---

22 達山子〈內地觀光蕃の感想（上）〉，《蕃界》第三號（台北：生蕃研究會發行，台灣日日新報社印刷，大正二年五月），頁98-104。該雜誌似乎只出3期，待考。

台灣島內觀光考察

155名頭目祭拜「台灣神社」兼觀光考察行

為紀念北白川宮能久親王，1900年5月28日動工、位於台北劍潭山（今圓山飯店）的第一座純日本式「台灣神社」，於1901年10月20日竣工，27日舉行鎮座式、28日大祭典式。往後每年10月28日皆舉行祭典；直到1944年10月23日，1架日本客機降落松山機場時失事，撞毀神社，似乎預告了日本帝國的末路。

1912年（大正元年）10月底，依例藉辦理台灣神社祭典之機會，邀請原住民到台北觀光，遴選了南投廳轄內布農族丹大群（卓社群）卡尼督灣社頭目等20人、泰雅族馬列坡群摩卡奇偏社頭目等20人、嘉義廳鄒族達邦社頭目等20人、阿緱廳布農族施武郡社（郡社群）及雁爾溪頭社頭目等35人、台東廳卑南與排灣族太麻里群齊耶齊社頭目等30人，以及花蓮港廳阿美族薄薄社頭目等30人（含頭目妻在內3名婦女），共計155名各族頭目到首府祭拜、觀光考察。

一行於10月27日分由警官引領抵台北，夜宿鐵道飯店前空屋，翌日參拜台灣神社，再來參觀山地本署兵器倉庫、鐵路部工廠、步兵聯隊、砲兵隊、中學校、高等女學校、小學校（日本子弟就讀）、公學校（本島人台灣學童就讀）、基隆重砲兵隊及基隆港內船舶。他們還參觀了博物館（應即「國立台灣博物館」的前身「台灣總督府民政局殖產局附屬博物館」），看到被沒收展示的原住民槍支，有人居然表示，「這些都是我等族人以往做壞事的證據，真丟臉，應該沒收、典藏這些凶器」。最後，佐久間總督在官邸接見、訓誡，並贈與禮物。[23]

由於之前舉辦原住民觀光台北等都會區，曾發生「因不知禮節及規律，動輒在路上喧噪，嘲笑謾罵同行之他族或恣意批評事物，且不習慣飲食品，傷胃或水土生病等」情節，山地事務本署長曾在1910年10月27日訂定〈引率原住民

---

23 同上註，頁314；葆真子〈生蕃の台北觀光（上）〉，《蕃界》第二號（台北：生蕃研究會發行，台灣日日新報社印刷，大正二年三月），頁79-89；〈生蕃の台北觀光（下）〉，《蕃界》第三號，頁88-98。

▲大正二年（1913）大阪舉行「明治記念拓殖博覽會」展出台灣原住民住宅與風俗（明信片，南天書局提供）

▲大正二年（1913）大阪天王寺公園「明治記念拓殖博覽會」台灣喫茶庭（明信片，南天書局提供）

觀光注意事項〉：[24]

(1) 應指導原住民保持肅靜，小心上下車。

(2) 對原住民供給飲食品時應注意衛生，在村落時不可提供生水。

(3) 應注意健康狀態，若發現身體不適者，應儘速交給醫師診斷治療。

(4) 抵達台北市，應向山地事務本署長提出下列格式名簿，並接受指揮。

(5) 應與原住民同宿，派員值班，日夜監護。

(6) 應注意原住民之感想，並將見聞向山地事務本署長報告，返駐地後再向廳長詳細報告。

《原住民觀光名簿》

支廳名	社名	頭目、副頭目等之區別	姓名	推定年齡	摘要

引率者官職、姓名

從《原住民觀光名簿》內載的「推定年齡」可知，原住民大都不清楚自己的正確年齡，因此採「大概幾歲」添寫。而〈引率原住民觀光注意事項〉，應該也適用於海外觀光或島內其他各地之參訪。

大正三年（1914），任期最長、達9年又1個月的佐久間總督於督軍攻打太魯閣社之際，不慎在西卡夫妮社（中橫公路沿線花蓮碧綠附近）墜崖。1914年10月爆發東部布農族及南部排灣族蜂起事件——反抗沒收槍支，至翌年1月才鎮壓，沒收了槍械9,024把。至此「五年理蕃」終止，總計5年間沒收全台原住民

25,700多支槍，子彈30,858顆。[25]1915年5月1日佐久間總督卸任，由安東貞美繼任；同年8月5日佐久間過世，據說係去年傷重的後遺症。[26]

1916年「台灣勸業共進會」參觀記

1916年（大正五年）4月10日至5月15日，為慶祝「台灣始政20週年」，在台北舉行「台灣勸業共進會」，除介紹治台20年來執政的成就，並將日本內地各府縣、朝鮮、關東州（中國東北）、樺太（庫頁島南部）、華南、南洋（含菲律賓、暹羅、荷屬印尼、婆羅洲、英領海峽殖民地、緬甸），以及英領印度的物產共6萬806件展覽品蒐集一堂，可說帶有政經、軍事、民俗文化意涵的博覽會。展覽會場有二，第1會場在總督府各廳舍，加上總督府圖書館（1915年8月9日在書院街開館，位於今博愛路、寶慶路交叉口的博愛大廈；現遷中和市中安街85號的國立中央圖書館台灣分館）作附屬會場，全部展出台灣本島各廳物產；另在第1會場舉辦台灣首次飛機展，並作3次飛行表演。第2會場設在殖產局林業試驗場（1910年設，1921年改稱植物園），以外地物產為展示重點，有華南南洋館、「蕃」俗館、朝鮮館、機械館、園藝館、演藝館……，並有本島特產店；參觀期間共有80萬9999人次進場。總督府博物館館藏豐富，加上彩票局大樓內的分館（舊館）專門陳列南洋各島蒐集品，應有參與此次展示，該館〈歷年大事紀〉明載「四月十日至五月十五日，舉行『始政二十週年台灣勸業共進會』」。[27]

日本閑院宮載仁殿下（四親王）夫婦特地來台參觀，並於4月24日參觀台北公園（俗稱新公園，1996年更名為228和平公園）的總督府博物館；親王夫婦也曾於1908年10月23日蒞臨博物館前身「總督府民政部殖產局附屬博物館」（設

25 《日據時期原住民行政志稿》第二卷（上），頁487；第二卷（下），頁493-590。
26 《日據時期原住民行政志稿》第二卷（下），頁433-472、491-493；《台灣全記錄》（台北：錦繡出版社，1990），頁189。
27 《台灣全記錄》，頁193、194；李子寧主編，《臺灣省立博物館創立九十年專刊》，頁307。

於彩票局大樓，今總統府後方博愛大樓）啟用典禮。**28**

除日本記者組團來台參訪；中國福建省也由巡按使代理汪陽、將軍代理沈觀源組團前來（19年後，昭和十年、1935年「台灣始政四十週年紀念博覽會」，時任福建省主席的陳儀也曾率團出席）。加上4月20日台北圓山動物園舉行開園式，更是熱鬧。總督府趁機邀請九廳原住民共600人到台北附近觀光，各廳分配人數分別為：台北廳20人、宜蘭廳55人、桃園廳95人、新竹廳50人、台中廳20人、南投廳40人、嘉義廳20人、阿緱廳100人、台東廳100人、花蓮港廳100人。被安排晉見殿下的有200人，於4月20日起分批抵達台北，24日在總督府官邸覲謁閑院宮殿下，隨後展開參訪。

事先當局頒布了遴選晉謁殿下的200名原住民注意事項：

(1) 應攜帶各族傳統服飾，平時也不得穿著台灣式衣褲。

(2) 人選應在頭目、祭司等門第高貴者、有勢力者中挑選；婦女儘可能選拔其妻子或家屬。

(3) 精神病患、有暴力傾向、嗜酒、患癲癇並曾發作、體弱衰老者等人員不得參加。

(4) 應包括攜帶樂器、擅長音樂者。殿下或有可能要求阿美族表演舞蹈，選拔時應將有此專長者納入。

(5) 通譯應從警部補職等以上的人員挑選。

(6) 儘速提報觀光人員名單，如有變動應隨時報告。

4月11、14、19、26日及5月2、8日，總督府警視廳長分6梯次接見與會原住民，訓辭以面積、人口、發達程度比較日本與台灣、台北與山區之區別，藉以要求原住民守法、聽話，否則必將大舉討伐：「日本本土大如熊，而台灣則僅有兔子大小。……日本本土人口有如裝滿豆子之大桶，而台灣人口則僅有一巴掌量的豆子。……優劣強弱立判。……僅僅觀光台北，即知人口稠密，軍隊

精銳、街道井然、建築宏偉、教育進步、衛生發達、物產豐富、機器設備精巧
等；然後會發現自己部落狹小、住屋齷齪、生活水準偏低、知識程度不高。兩
者差異何以如此之大，那是平地人奉公守法，勤勉努力，注重子女教育，有以
致之。你們自古以來深居山中，……若能遵從吾等指導，……必能與平地人並
駕齊驅。」[29] 這是此次，也是歷次島內外邀訪的主要目的。

▲昭和八年（1933）3名原住民女孩赴日本「內地見學旅行」留影（明信片，南天書局提供）

29 吳萬煌、古瑞雲譯，《日據時期原住民行政志稿》第三卷。

1917年（大正六年）至少舉辦了7次島內原住民觀光，人數達1,305人：(1)
桃園、新竹、台中3廳、85人參觀停泊基隆港的第三艦隊；(2)南投廳丹大18人觀
光台北附近；(3)阿緱廳100人參觀停泊打狗港（高雄）的演習艦隊；(4)台東廳
102名及花蓮港廳30名高山族（指布農族）觀看在該廳內的陸軍秋季演習；(5)花
蓮港廳400人參觀玉里鐵路動工儀式；(6)新竹、台中、南投廳170人參觀台中衛
生展覽會；(7)台灣神社祭典期間，全台各族原住民400人至台北附近觀光。

除此之外，另有1次短程觀光，年初1月11日～12日間，宜蘭廳招待南澳頭
目13人、溪頭群頭目7人，以及地頭人物與婦女，共計240人「2天1夜遊」，至
宜蘭廳拜會、參觀街市、守備隊營舍、羅東支廳製糖廠。[30]

觀賞「大鐵鳥下蛋」驚魂記

1917年7月26日至8月15日間，日本陸軍「氣球研究會」來台舉辦名為「耐
暑飛行試驗」，實為「飛機轟炸表演」的飛行，各地駐在所職員奉命召集轄內
庄民及原住民，集中帶領至適當地點觀覽，並備有為了讓原住民「大吃一驚」
的特製空投炸彈50枚。北、中、南部依次為：[31]

(1) 7月26日～8月2日，台北基地，預定投彈15顆，實際投擲14枚（其中1枚
為啞彈）；

(2) 8月3日～8日，台中基地，預定投彈20顆，實際投擲16枚；

(3) 8月9日～15日，台南基地，預定投彈15顆，實際投彈20枚。

許多原住民與漢人在各處適合「觀賞」飛行及炸彈爆炸的地點，並有專人
講解。部分漢人之前曾看過日本、外國民間飛行家野島銀藏、高左右隆和史密
斯來台表演，雖覺飛機聲音過大，容易被敵方發現，但對於炸彈的威力深覺恐
怖。原住民的反應不一，「有發現天空機體而歡呼跳躍者；有聽見機聲而狼狽

---

30 《日據時期原住民行政志稿》第三卷，頁261、342-343。本年（1917）11月1日為紀念
　花蓮至台東鐵路開通（開挖），璞石閣改名「玉里」。
31 《日據時期原住民行政志稿》第三卷，頁311-314；《台灣全記錄》，頁195。

潛匿林中者；有目睹炸彈爆炸而呆若木雞者；有高喊是否在作夢者，……以至以用『魔鬼機器』、『神鳶』、『雷神』、『鳶怪』等詞來形容飛機。」這應該是台灣官方首次的空炸場面；日本民間飛行員高左右隆等似曾於1915年在新竹、阿緱、花蓮港廳等地飛行表演，並作炸彈（練習彈？）投射表演。[32]

1920年（大正九年）赴日本訓練的警察航空班練習生結訓返台，4月1日總督府警察局設置「警察航空班」，4月間在台北練兵場興建機場，5月16日起山區飛行、練習投擲炸彈；阿緱廳崇蘭機場（今屏東市西北2.5公里處）稍後也完工，11月警察航空班遷往該處，進行山區威嚇飛行。

同年（1920），台灣首位飛行員謝文達分別於10月17日在台中練兵場，10月31日及11月1日在台北練兵場表演飛行，開台灣人飛翔故鄉首例；蔣渭水、謝春木（南光）、吳海水等人特地舉辦歡迎會，營造反日運動氣勢。[33]

原住民沒有防制武器，對「大鐵鳥」無可奈何，但飛機並非萬無一失，最怕機件故障，譬如1920年10月4日，1架日機炸射雪山坑溪（發源小雪山西麓，在和平鄉北的雪山坑社西測匯入大安溪中游）上游泰雅族北勢群部落，故障墜落，1名機員脫困歸營，1位受傷機員遭馘首；1921年6月3日，鹿港基地飛機在雪山坑溪右岸及右岸稜線各投1彈，左岸投3彈，返航迫降鹿港，機毀人無恙。1923年1月29日1機實施潮州及恆春山地飛行，翌晨返航遭遇強烈氣流，迫降恆春街西門外乾田裡，機身翻覆，嚴重損壞，機員受傷。1926年2月15日有架飛機在鹿港機場東方失事，駕駛與隨行記者雙雙死亡。[34]

1923年3架日機於5月10日～12日在台東廳山地實施威嚇飛行，召集了700多原住民在台東機場參觀投彈及飛行技術表演。該3機另於5月15日至17日間飛行花蓮港廳山區，召集各社原住民6千餘人，分3天到機場參觀投彈、飛行表演。從各族的反應可以看出他們對神秘飛機的無知、好奇與恐懼。平地原住民

32 《台灣全記錄》，頁194。
33 《台灣全記錄》，頁202、204；向山寬夫著，楊鴻儒等譯，《日本統治下的台灣民族運動史》下冊，頁1640。後書地點、時間略有誤。
34 吳萬煌譯，《日據時期原住民行政志稿》第四卷，頁33、295、811。

（指卑南、阿美及平埔族）認為，「遠望如老鷹，近看似蜻蜓，不知有無人乘坐？如有，必係無兄無弟，自小不給多餘食物，身體輕飄飄，而其祖先必為神仙。……飛機降落後機體以繩索圍離，有認為可能係防止逃走，有甚至認為如果逃走，可能會像老鷹抓小鳥攫走牛隻，故將所有牛隻等藏在屋內。或云炸彈不是從機上投下，而是預先埋在地裡，等飛臨才點火爆炸。」排灣族人表示，「飛機前有頭，左右及尾巴有翅膀，中間坐著『茲瑪斯』（神仙）。……投炸彈甚恐怖，飛機開大砲，（藏匿）任何地點也無法避開。」長期抗日的布農族駭道，「以往不知飛機有人搭乘，今日目睹駕駛員身穿異服，起初以為怪物，驚嘆日本人如神仙偉大。有人發問駕駛員是否與一般人吃同樣東西？飛機不但會飛，還可翻滾、倒飛，簡直與老鷹相同，一旦發現草原住民即飛撲地上，必定如老鷹抓小鳥般將人帶走。炸彈……如投在我部落，一顆即可徹底毀滅，……今後必遵守日本命令，請求千萬不要在我們的部落投彈。」**35**

「參觀表演」的用意在「威嚇」原住民乖乖聽話；對於未歸順的原住民，則實施威嚇飛行及山區投彈，從稍後的例子可知效果相當好。值得一提的是，大正十二年（1923）4月16日至27日間，裕仁皇太子（後來的昭和天皇）訪台，24日下午特地參觀總督府博物館，館方詳細介紹台灣各族「蕃人」的語言系統、民俗及生活型態；29日皇太子以82號告示，命名雪山為「次高山」，並將不雅、有侮蔑意味的「生蕃」、「蕃人」更名為「高砂族」。不過，總督府直到昭和十年（1935）6月4日公布〈戶口調查規定〉時，才正式把「生蕃」或「蕃人」改為「高砂族」，「熟蕃人」改稱「平埔族」。**36**

遇見「美國蕃」

原住民也有與「美國蕃」互相「觀光」的時候。1924年1月15日載有450名觀光客的美國運通公司（American Express Co.）環球航行客輪「拉蔻妮雅號」

---

35 《日據時期原住民行政志稿》第四卷，頁395-397。
36 同上註，頁387；《台灣省立博物館創立九十年專刊》，頁75-77、308；黃昭堂著，黃英哲譯，《台灣總督府》，頁102；戴國煇著，魏廷朝譯，《台灣總體相》，頁18。

（*Laconia*）抵達基隆、觀光台北之際，希望能見識原住民。在無法到山地情況下，總督府遴選文山郡（新店、深坑、石碇、坪林、木柵、景美一帶）原住民於15日當天在官邸與美國觀光團會面，據說「雙方風俗、人種顯著不同，見面後兩相歡，彼此對對方顯示高度興趣，我原住民給予美國觀光客良好印象。」文山郡原住民於1月14～17日滯留台北，參觀行程包括總督府、總督官邸、台灣神社、動物園、農業試驗所，最特別的是參觀了目前國立台灣博物館的前身——「總督府博物館」，這似乎是《理蕃誌稿》唯一明文記載原住民參訪該館的紀錄；[37]不過其他台北參訪團，如果未曾參觀過1899年4月3日成立的「台灣總督府民政部商品陳列館」（今北一女面向中央氣象局的角落），或1908年5月24日暫設龍山寺籌備、同年10月23日在彩票局大樓（今博愛大樓）開館的「台灣總督府民政部殖產局附屬博物館」，似應也參觀過1915年8月20日在台北公園正式開幕的「台灣總督府民政部殖產局附屬紀念博物館」——原稱「故兒玉總督暨後藤民政長官紀念館」。[38]

棒球之旅——「能高棒球隊」日本訪問記

台灣棒球早期發展史

明治三十九年（1906）3月台灣首支棒球隊——總督府國語學校中學部（今建國中學）棒球隊成立。

1907年台北公園落成，野球（棒球）場啟用。

大正六年（1917）12月底至翌年初早稻田大學棒球隊訪台，與台北及打狗（1920年改稱高雄）球隊進行8場比賽，戰績7勝1敗，為第一支訪台的日本棒球隊。

1921年美國職棒明星隊訪台，1月8日在台北與全台棒球明星隊（都是日本

37《日據時期原住民行政志稿》第四卷，頁452。

38《台灣省立博物館創立九十年專刊》，頁70-71、306；《台灣全記錄》，頁176、192。

人）比賽，牛仔以26：0敲昏桃太郎；在台共比賽7場，皆以懸殊比數獲勝。

　　就在美國職棒明星隊橫掃全台之際，求學期曾為棒球選手、服務花蓮旭組營造廠的漢人林佳興，無意中發現阿美族舞鶴社（今花蓮縣瑞穗鄉舞鶴村）有青少年用石頭練習棒球，乃於1921年召集成立台灣第一支原住民棒球隊「高砂棒球隊」，由於參加比賽成績良好，引起地方政府注意。1923年9月，球員乃在認為棒球有助於「理蕃」教化事業的的花蓮港廳廳長江口良三郎，與旭組會社社長兼花蓮街長梅野清太的促成下，進入「花蓮港廳農業補習學校」就讀，隊名改為「能高棒球隊」，江口廳長自任團長。翌年安排球隊遠赴台北、新竹、台中、高雄、屏東等地征戰，吸取經驗，當時台灣棒球員以日本人為主，剛成軍不久的能高隊勝負各半，但仍獲得一致的好評。

　　抗日背景[39]

※1924年（大正十三年）5月10～29日，台東、花蓮港廳進行密集山地飛行，召集各地數千名原住民「參觀」投彈表演。

※1924年6月12～13日，台北州宜蘭分遣隊及羅東少年義勇隊百餘人山區行軍並對抗演習，召集約300名原住民參觀。

※1924年10月21日，在台東實施山地威嚇飛行，2機共投8彈。里壠支廳（關山鎮）內海端鄉諸社相率申請歸順。

※1924年11月(1)12日，屏東郡頭前山（高雄六龜鄉六龜村寶山）腦寮2腦工遭巴里山（出雲山西方標高1,600公尺）社人砍死。(2)15日，日機在布農抗日領袖拉荷・阿雷的塔馬荷社（Tamarakao, 玉穗社，高雄桃源鄉建山村）投下4彈。(3)16日，3日機分別轟炸巴里山社、敦仔社（高雄茂林鄉多納村，魯凱族）、萬斗籠社（Mantauran, 茂林萬山村），各投4彈。17日，萬斗籠社頭目至芒仔警戒所報告轟炸災情，有5人受傷，婦孺驚慌哭泣。

※1924年度原住民繳交或被沒入各式槍支115把。

---

39 《日據時期原住民行政志稿》第四卷，頁521-522、526、529、531-538。

※1925年6月28日，高雄州旗山郡新望嶺2腦丁遭斬首，失槍1、彈15發；疑似拉荷・阿雷所為。

　　在這種環境下，深覺「棒球≒理蕃」的江口廳長決定讓球隊到日本「秀一下」，讓內地人瞭解「有教化」的新生代原住民；第十任總督伊澤多喜男（1924.9～1926.7在職）也很支持這種做法。大正十四年、1925年7月3日～7月30日，坂本校長、林佳興教練率領阿美族14名學生組成的「能高棒球隊」赴日，一面觀光、一面比賽棒球，並向日本民眾發表演講、介紹台灣。球隊隊員名單如下：辜茂得（或譯科莫托，コモド）、查屋馬（サウマ）、鄔新（ホシン）、阿仙（アラピツ，日名稻田昭夫）、紀薩（キサ，西村嘉造）、羅道厚（ロオドホ，伊藤次郎）、羅沙威（ロオサワイ，伊藤正雄）、亞拉畢、杉提揚、武諾、爾西般、亞仙哈利陽、屈追、杜易爐。官方陪同人員有總督府桂警部及花蓮港廳屬（科員）門馬2人。

日本行程

日期	參觀地點
7月3日	基隆出航
7月7日	上午抵達神戶；搭乘阪神線電車抵大阪，換寬軌電車午後抵奈良，參觀公園；下午4時11分出發、9時夜宿（奈良縣）山田
7月8日	參觀皇大神宮、徵古館、農業館、倭姬神社；在如雪園午餐，並由辜茂得對五、六年級生及記者發表〈高砂族〉演講
7月9日	抵東京，上午拜會東京府廳（由辜茂得致謝詞）、市政府、各報社；下午參觀東神宮、明治神宮及外宛，並在東京青山師範學校球場舉行首次比賽棒球
7月10日	下雨，參觀三越、松屋及銀座大街
7月11日	下大雨，上午參觀愛宕神社、曾上寺、芝；下午第2場球賽，賽後在立教大學「茶話會」，由辜茂得向棒球界人士演說〈我的棒球隊〉
7月12日	冒雨參觀上野、淺草，在帝國館觀賞電影
7月13日	參觀新宿御苑及內城、國會2院、（47名獵戶埋骨的）泉岳寺、靖國神社（1868年建招魂寺，1878年改今名）；晚間鹽水港製糖會社（1903年12月底王雪農等本島人合創於今鹽水鎮岸內里，2年後日資三菱財團入主）在丸ビル大樓招待晚宴，球員並上到9樓觀賞東京夜景

日期	參觀地點
7月14日	早上參觀橫濱紀念館、正金銀行、橫濱港；下午在橫濱山下運動場比賽；晚上返東京，出席台灣新聞社在東京鐵道協會主辦之演講，有4名學生發言
7月15日	上午8時15分出發、下午4時抵達名古屋，參拜熱田神宮
7月16日	上午參觀離宮、日本陶器製造會社；中午松坂屋午餐；下午3時與愛知一中比賽
7月17日	下午抵京都，參觀島津製造所、平安神宮，在博物館會場拜見明治天皇御像，接受會場茶點招待。當天恰為八阪神社祇園祭（按祇園御靈會，7月1～29日間祭典期，17日為「山鉾巡行」，達祭典活動最高潮），慶祝活動通宵達旦
7月18日	上午在京都府立師範學校球場與該校棒球隊比賽；下午休息；晚上在京都商業實習學校演講
7月19日	上午參觀東山，中午（大阪府）東山市役所（公所）在老爺飯店（Café Royal）招待午餐；下午桃山皇陵、乃木神社，4時抵大阪，接受2大報記者訪問，參觀印報情形
7月20日	上午在甲子園比賽棒球；下午參觀大阪市區；夜遊大阪城
7月21日	上午又於甲子園比賽棒球。下午參拜住吉大社、參觀（大阪南方）堺（さかい）水族館
7月22日	上午參觀造幣局（明治四年成立，內種一百種櫻花）、市區遊覽；下午3時出發，4時抵神戶
7月23日	上午在東遊園地比賽棒球；下午參拜（神戶）港川寺
7月24日	上午9時51分由神戶出發，下午4時30分抵廣島
7月25日	上午整理行李、休息；下午在觀音運動場比賽；晚上8時在大手町小學校演講
7月26日	上午禮貌性拜會候參觀廣島市西南方的嚴島（有多座神社，又稱宮島、神社島）；午餐後出發，下午7時40分抵九州福岡縣門司港
7月27日	上午8時出發，參觀（福岡縣北九州市）八幡製鐵所，下午返門司，結束日本行程。登上笠戶丸返航
7月30日	安全抵達基隆港

※擔任捕手的辜茂得可能是口才最佳者，先後於7月8、9、11日代表球隊致詞。另外，14日在東京鐵道協會有4名學生演講；18日在京都商業實習學校演講；19日接受2家報紙訪問；25日在廣島大手町小學校演講。此行前後發表6場演講，接受2家報紙專訪，小球員可說善盡職責。

能高棒球隊在日本比賽成績[40]

場次	日期	地點	比賽對象	比分	勝負
1	7月9日下午	東京青山師範學校	東京市豐島師範中學	28：0（第4局結束）	大勝
2	7月11日下午	東京立教大學運動場	早稻田中學	6：6（至第10局）	平手
3	7月14日下午	橫濱山下運動場	神奈川一中（觀眾約2萬人）	4：3	勝
4	7月16日下午	名古屋愛知一中	愛知一中	2：4	負
5	7月18日上午	京都府立師範學校	京都師範學校	13：3	勝
6	7月20日上午	大阪甲子園	八尾中學	0：5	負
7	7月21日上午	甲子園	天王寺中學	7：2	勝
8	7月23日上午	神戶東遊園地	神港商業學校	3：25	慘敗
9	7月25日下午	廣島觀音運動場	廣陵中學	2：3	負

※共比賽9場——4勝4負1和。可能是輸得太慘之故，《理蕃誌稿》未登載第一場比賽，僅稱「9日下午……參觀東皇宮、明治神宮及外苑（庭園）後，在青山師範學校練習棒球」。比數28：0，又在第4局提前結束，真的稱得上「練習」。

　　球隊載譽歸國，不過翌年熱心棒球的廳長江口良三勞過世，街長梅野清太去職，因此能高棒球隊也未再招募新球員，而大部分球員因受傷或其他因素，也未再持續棒球活動。不過，阿仙、紀薩、羅道厚、羅沙威4名小將於1926年被京都平安中學相中，成為該校棒球主將，因此有了日文名字。翌年4小將就幫助學校取得京都區中學棒球賽冠軍，進軍甲子園。1928年羅道厚成為平安中學王牌投手，在甲子園連續拿下3場完投勝，第3場甚至投出「無安打、無失分」的完全比賽，紀薩擔任球隊第4棒打擊中心，率領球隊場進甲子園冠軍決賽，惜功虧一簣，屈居亞軍。中學畢業後，紀薩受傷，不再打棒球，其餘3人進入棒球名校法政大學就讀，擔任棒球隊主將。大學畢業後3人都就業，未繼續棒球生涯。

40 《日據時期原住民行政志稿》第四卷，頁711-713；孟峻瑋、唐盛梅、曾文誠等撰文，《台灣棒球百年史》，頁28-29。後書表格誤植為1924年赴日，內文則正確。

1936年東京「參議員隊」（今太平洋聯盟「火腿隊」前身）成立，已在日本電器公司上班的羅道厚被延攬入隊，打了3年，雖成績並不出色，但首開台灣球員加入日本職棒的紀錄。而台灣高中棒球隊在甲子園大賽最好的成績，要屬1931年8月由4名原住民、3位漢人及7個日本人三族學生組成的「嘉義農林棒球隊」（KANO），該年拿到了亞軍。[41]

能高棒球隊訪日56年後，1981年阿美族棒球名投郭源治加盟日本職棒「中日龍隊」，日本媒體以「高砂、能高的後代來了」為標體，大篇幅報導；可見能高棒球隊與稍後在日發展的4名球員當時留給日本棒壇的深刻印象。

觀光、邀訪「連續劇」

1627年8月至1628年春，濱田彌兵衛（Hamada Yahei, 荷蘭稱Jafioye）異想天開地邀請新港社頭目「理加」（Dika or Dijcka）等14名新港社人、2名漢裔通事到日本參訪，還向德川家光將軍「朝貢、獻地」。1628年5月27日，濱田送新港社人返抵大員（安平），荷蘭人超不高興的，6月29日爆發濱田綁架駐台長官納茲（Peter Nuits）事件。[42]

雍正十二年（1734），清世宗胤禛皇帝（1678～1735卒）57歲壽辰，台灣當局以「略通官音」、「功勞很大」為標準，遴選「慶福」、「萬年」為首的22名原住民頭目祝壽團先到廈門，酒酣耳熱之餘，歡聲雷動，齊呼「萬壽無疆」；陰曆十月二十四日被帶到廈門教場觀賞「水陸協同作戰」演習，用意在讓原住民「懷德畏威」，回台後「轉相傳布」。參觀過廈門，一路吃香喝辣的來到福州，在皇上生日那天，「拿香跟拜」，隨著省城耆老面朝北京城方向

---

41 《台灣棒球百年史》，頁32；林華韋、林玫君編著，《典藏台灣棒球史——嘉農棒球》，頁40-42、45。

42 翁佳音〈新港有個台灣王：十七世紀東亞國家主權紛爭小插曲〉，頁2、6，發表於2005年11月24日，中研院台史所主辦「國家與原住民」研討會論文；曹永和，《臺灣早期歷史研究續集》，頁60；程紹剛譯註，《荷蘭人在福爾摩莎》，頁86。李斯（L. Riess）著，周學普譯，《臺灣島史》，頁15；James Davidson, *The Island of Formosa, Past and Present*, pp. 16, 17.

「拜舞，恭祝皇上萬壽」。之後，領了督撫犒賞的「緞綾、布疋靴、帽帶、襪」等物，陰曆十一月三日結束行程，搭船返台。[43]

　　乾隆五十三年陰曆八月（1788年9月）為清高宗乾隆弘曆（1711～1799卒）79歲大壽，台灣遴選30名原住民大小頭目赴北京祝壽，約於九月上旬（10月）離台赴福州；皇帝在京城親自賜宴3次，總頭目4人獲賞六品頂戴，各社小頭目26人賞七品頂戴，每次都還給禮物。乾隆五十四年正月十七日祝壽團出京，三月二十二日抵福州，又獲總督、巡撫「賞給筵宴及布疋鹽茶等物」，大人們「曉諭該番等，仰戴皇恩，至優極渥，從此歸誠馴化，勉為盛世良民」，據說原住民聽後，「無不歡忻感激，伏地望闕，叩頭恭謝」。當然這是官樣文章，聽聽就算了。四月二十一日（1789年5月底、6月初）返抵府城，總兵奎林及台灣道萬鍾傑擺席接風，賞過禮物，要他們回去好生「傳告各生番，並嚴加約束不敢混生事端」。[44]

　　翌年為乾隆80大壽，台灣原住民頭目又組成12人祝壽團，乾隆五十五年六月下旬

▲乾隆（《The Chater Collection》）

43 梁志輝、鍾幼蘭主編，《臺灣原住民史料彙編第七輯——國立故宮博物院清代宮中檔奏摺臺灣原住民史料》，頁226-229。

44 梁志輝、鍾幼蘭主編，前尹書，頁481；臺灣史料集成編輯委員會編，《清代臺灣關係諭旨檔案彙編》第二冊，頁468-473。

（1790年7月底、8月初）抵京，七月上旬抵熱河，七月十三日瞻觀，十四日於熱河萬樹園筵宴，停留至七月下旬。[45]

1987年12月7～8日，「雅美青年聯誼會」在台北舉辦關心核廢料座談會的前一天，30多名雅美（達悟）青年在蘭嶼機場門口抗議，阻攔接受行政院原子能委員會招待赴日參觀考察的該族「賢達」上機。[46]

可見各個時代的台灣統治者，都很喜歡招待原住民觀光考察。這種「先（送）禮後（示）兵（威）」的模式，一直沿用到國民政府初期，雙十節閱兵也常邀請原住民「共襄盛舉」，用意至明。現在呢？民主遍地開花，只看跳舞、遊行囉；偶而加上在野人士與抗議民眾，如1989年10月10日陳婉真的「台北西區街頭游擊戰」，或2006年10月10日紅衫軍的「插花表演」。

---

45 《清代台灣關係諭旨檔案彙編》第三冊，頁137、149、158-159。
46 核四公投促進會、胡慧玲編，《核四公投·千里苦行》（台北：玉山社，1995），頁267。

參考書目

中文書目

中華民國棒球協會主編，孟峻瑋、唐盛梅、曾文誠等撰文，《台灣棒球百年史》。台北：編者，2006。

中國社會科學院近代史研究所，《近代來華外國人名辭典》。北京：中國社會科學社，1981。

井出季和太著，郭輝編譯，《日據下之臺政》第一卷（原名《臺灣治績志》）（台北：海峽學術，2003。

古野清人著；葉婉奇譯，《台灣原住民的祭儀生活》。台北：原民文化，2000。

包樂史、Natalie Everts、Evelien Frech編；林偉盛譯，《邂逅福爾摩沙：臺灣原住民社會紀實：荷蘭檔案摘要第1冊》。台北：原民會、順益博物館出版；南天發行，2010。

包樂史、Natalie Everts、Evelien Frech編；康培德譯，《邂逅福爾摩沙：臺灣原住民社會紀實：荷蘭檔案摘要第2冊》。台北：原民會、順益博物館出版；南天發行，2010。

包樂詩（包樂史）
　〈明末澎湖史事探討〉，《臺灣文獻》24：3。台中：省文獻會，1973。

安倍明義，《台灣地名研究》。台北：武陵，1998。

伊能嘉矩著；楊南郡譯註，《台灣踏查日記》。台北：遠流，1996。

伊能嘉矩著；溫吉編譯，《臺灣番政志》。南投：省文獻會，1957。

竹中信子著；蔡龍保譯，《日治台灣生活史 —— 日本女人在台灣（明治篇1895-1911）》。台北：時報文化，2007。

江樹生主譯/註；翁佳音協註/譯，《荷蘭臺灣長官致巴達維亞總督書信集

（1），1622-1626》。南投：國史館臺灣文獻館主編；台北：南天出版。

向山寬夫著；楊鴻儒等譯，《日本統治下的台灣民族運動史》上、下冊。台
　　北：福祿壽興業，1999。

李子寧主編，《臺灣省立博物館創立九十年專刊》。台北：省博館，1999。

李子寧、吳佰祿編，《台灣地圖導覽手冊》。台北：國立臺灣博物館，2005。

李壬癸，《台灣南島民族的族群與遷徙》。台北：常民文化，1997。

　　《台灣平埔族的歷史與互動》。常民文化，1997。

　　《臺灣原住民史：語言篇》。南投：省文獻會，1999。

李亦園，《臺灣土著民族的社會與文化》。台北：聯經，1982。

阮昌銳，《臺灣的原住民》。台北：臺灣省立博物館，1996。

阮昌銳、李子寧、吳佰祿、馬騰嶽，《文面‧馘首‧泰雅文化》。台北：國立
　　臺灣博物館，1999。

宋龍生，《臺灣原住民史：卑南族史篇》。南投：省文獻會，1998。

林修澈，《臺灣原住民史：賽夏族史篇》。南投：省文獻會，2000。

林華韋、林玟君編著，《典藏台灣棒球史——嘉農棒球》。台北：行政院體委
　　會，2005。

林豪，《澎湖廳志》，光緒十九年（1893）。台北：宗青，1995，臺銀臺灣文
　　叢第164種。

東年，《再會福爾摩莎》。台北：聯經，1998。

吳密察、翁佳音、魏德文等，《地圖臺灣：四百年來相關臺灣地圖》（臺北：
　　國立台灣博物館主編，南天書局出版，2007）

洪敏麟，《臺灣舊地名之沿革》一冊。台中市：省文獻會，1980。

　　《臺灣舊地名之沿革》二冊（上）。台中市：省文獻會，1983。

　　《臺灣舊地名之沿革》二冊（下）。台中市：省文獻會，1984。

　　《重修臺灣省通志‧卷三‧住民志地名沿革篇》。南投：省文獻會，1995。

故宮博物院明清檔案部、福建師範大學歷史系合編，《清季中外使領年表》。
　　北京：中華書局，1985。

胡建偉，《澎湖紀略》，乾隆三十二年（1767）。台北：宗青，1995，臺銀臺
　　灣文叢第109種。

宮本延人著；魏桂邦譯，《台灣的原住民族》。台中：晨星，1992。

翁佳音，〈歷史記憶與歷史事實——原住民史研究的一個嘗試〉，《臺灣史研究》3：1，1996。

〈近代初期北部臺灣的商業交易與原住民〉，《臺灣商業傳統論文集》。中研院臺史所，1999。

《異論台灣史》。台北：稻香，2001。

〈世變下的台灣早期原住民〉，《故宮文物月刊》240期（20：12），2003年3月號。

《荷蘭時代台灣史的連續性問題》。台北：稻香，2008。

師大地理系，《臺灣地名辭書・卷一：宜蘭縣》。南投：省文獻會，2000。

《臺灣地名辭書・卷三：臺東縣》。省文獻會，1999。

《臺灣地名辭書・卷廿一：臺南市》。省文獻會，1999。

《臺灣地名辭書・卷四：屏東縣》。省文獻會，2001。

《臺灣地名辭書・卷十：南投縣》。省文獻會，2001。

梁志輝、鍾幼蘭主編，《臺灣原住民史料彙編第七輯——國立故宮博物院清代宮中檔奏摺臺灣原住民史料》，南投：省文獻會，1998。

梁志輝、鍾幼蘭，《臺灣原住民史：平埔族史篇（中）——中臺灣平埔族群史》，省文獻會，2001。

陳千武譯述，《台灣原住民的母語傳說》。台北：臺原，1991。

陳正祥，《臺灣地名辭典》。台北：南天，2001。

陳政三譯著，John Dodd原著，《泡茶走西仔反：清法戰爭台灣外記》。台北：台灣書房，2007。

陳政三譯註，《征臺紀事——牡丹社事件始末》。台北：台灣書房，2008。

陳政三，〈遇見卓杞篤〉。台北：《歷史月刊》202期，2004年11月號。

〈老地圖・小故事・說台灣〉。台北：《歷史月刊》211期，2005年8月號。

〈鴉片鬼仔死亡之旅〉。台北：《臺灣博物季刊》99/27：3，2008年9月。

〈百年前原住民海外及島內觀光記——兼論臺灣總督府「糖飴與鞭鎚」政策〉。台北：《臺灣博物季刊》100/27:4，2008年12月。

《出磺坑鑽油日記》。台北：歷史智庫出版社，2005。

《翱翔福爾摩沙——英國外交官郇和晚清臺灣紀行》。台北：台灣書房，2008。

《美國油匠在台灣——1877-78年苗栗出磺坑採油紀行》。台北：台灣書房，2012。

《紅毛探親記——1870年代福爾摩沙縱走探險行》。台北：五南出版社，2013。

陳政三、魏吟冰，《異人的足跡：轉角的風華——陶德》。台北：國史館發行；台北：大康出版，2008。

陳華民，《悅讀台灣俗諺》。台北：台灣書房，2011。

黃昭堂著；黃英哲譯，《台灣總督府》。台北：前衛，2002。

黃嘉謨，《美國與臺灣》。台北：中研院近代史研究所，1966。

許木柱、鄧相揚，《臺灣原住民史：邵族史篇》。南投：省文獻會，2000。

許木柱、廖守臣、吳明義，《臺灣原住民史：阿美族史篇》。省文獻會，2001。

許雪姬，〈臺灣的馬兵〉，《臺灣風物》，32：2，1982。

《清代臺灣的綠營》。台北：中研院近代史研究所，1987。

《滿大人的最後的二十年》。台北：自立晚報，1993。

《北京的辮子——清代台灣的官僚體系》。自立晚報，1993。

許雪姬、薛化元、張淑雅等人，《臺灣歷史辭典》。台北：文建會，2004。

《臺灣歷史辭典附錄》。文建會，2004。

許極燉，《台灣近代發展史》。台北：前衛，1996。

曹永和，《臺灣早期歷史研究續集》。台北：聯經，2000。

童春發，〈建構排灣族歷史——初探〉，《台灣原住民歷史學術研討會論文集》。南投：省文獻會，1998。

鳥居龍藏著；楊南郡譯註，《探險台灣》。台北：遠流，1996。

森丑之助著；楊南郡譯註，《生蕃行腳》。台北：遠流，2000。

程紹剛譯註，《荷蘭人在福爾摩莎》。台北：聯經，2000。

鈴木質著；王美晶譯，《台灣原住民風俗》。台北：原民文化，1999。

詹素娟、張素玢，《臺灣原住民史：平埔族史篇（北）——北臺灣平埔族群史》。南投：省文獻會，2001。

臺北帝國大學土俗・人種學研究室；楊南郡譯註，《臺灣原住民族系統所屬之研究》。台北：原民會、南天，2011。

臺灣省文獻會編，《日據時期原住民行政志稿》（原《理蕃誌稿》）1卷，陳金田譯。南投：編者，1997。

　　《日據時期原住民行政志稿》（原《理蕃誌稿》）2卷（上），陳金田譯；2卷（下），宋建和譯；3卷，吳萬煌、古瑞雲譯；4卷，吳萬煌譯。南投：編者，1999。

　　《籌辦夷務始末選輯》。南投：省文獻會，1997，臺銀臺灣文叢第203種。

臺灣史料集成編輯委員會編，《清代臺灣關係諭旨檔案彙編》第二冊。台北：文建會、遠流，2004。

臺灣銀行經濟研究室編，《清季臺灣洋務史料》。南投：省文獻會，1997，臺銀臺灣文叢第278種。

蔡采秀〈日本的海上經略與臺灣的對外貿易〉，《臺灣商業傳統論文集》。台北：中研院台史所，1999。

戴國煇著，魏廷朝譯，《台灣總體相》，台北：遠流，1989。

戴國煇編著，魏廷朝譯，《臺灣霧社蜂起事件研究與資料（下）》。台北：國史館，2002。

藤井志津枝，《日治時期臺灣總督府理蕃政策》。台北：文英堂，1997。

蘭伯特（Lambert van der Aalsvoort）著；林金源譯，《風中之葉——福爾摩沙見聞錄》。台北：經典雜誌，2002。

Imbault-Huart, C.著；黎烈文譯，《臺灣島之歷史與地誌》（*L'ile Formose, Histoire et Description*, 1893）。台北：臺灣銀行，1958，臺灣研究叢刊第56種。

James Davidson著；陳政三譯註，〈倍勇斯基闖蕩台灣19天（1771）〉，《臺灣風物》55：2，2005年6月號。

Le Gendre, CharlesW.（李仙得）著；佚名譯，《臺灣番事物產與商務》。台北：台灣銀行，1960，台灣文叢第46種。

Le Gendre, CharlesW. 著；周學普譯，〈臺灣〉，《臺灣經濟史九集》。台北：台灣銀行，1963，台灣研究叢刊第76種。

Riess, Ludwig著；周學普譯，《臺灣島史》（Geschichte der Insel Formosa, 1897），

《臺灣經濟史三集》。台北：臺灣銀行，1956，臺灣研究叢刊第34種。

Wirth, Albrecht著；周學普譯，《臺灣之歷史》（Gescgite Formosa's bis Anfang, 1898），《臺灣經濟史六集》。臺銀，1957，臺灣研究叢刊第54種。

外文書目

Benyowsky, Maurice Auguste, comte de; Pasfield Oliver, edited, *The Memoirs and Travels of Mauritius Augustus, Count de Benyowsky*. London: T. F. Unwin, 1893.

Blakeney, William, *On the Coasts of Cathay and Cipango Forty Years Ago*. London: Elliot Stock, 1902.

Campbell, William, *Formosa Under the Dutch*. London: Kegan Paul, 1903.

Sketches From Formosa. London, Edinburgh & N.Y., 1915; Taipei: SMC（南天）reprint,1996.

"The Island of Formosa: Its Past and Future," *The Scottish Geographical Magazine, Aug.* 1896.

Carrington, George W., *Foreigners in Formosa, 1841~1874*. San Francisco: Chinese Material Center, 1978.

Chang, Hsiu-jung（張秀蓉）, edited, *A Chronology of 19th Century Writings on Formosa*. Taipei：Ts'ao Yung-ho Foundation for Culture and Education（財團法人曹永和文教基金會）; Taipei: SMC.

Clark, J. D., compiled, *Formosa*. Shanghai: Shanghai Mercury, 1896; Taipei: Ch'eng Wen（成文）reprint, 1971.

Davidson, James, *The Island of Formosa, Past and Present*. London, N.Y. & Yokohama: Macmillan &Co., 1903.

Dodd, John, "A Glimpse at the Manners and Customs of the Hill Tribes of North Formosa," *Journal of the Straits Branch of the Royal Asiatic Society*, Vol. 15: pp. 69-78, 1885.

Journal of A Blockaded Resident in North Formosa, During the Franco-Chinese War, 1884~5. H. K.: Hongkong Daily Press, 1888.

Eskildsen, Robert, edited, *Foreign Adventure and the Aborigines of Southern Taiwan,*

1867-1874. Taipei: Institute of Taiwan History, Academia Sinica, 2005.

Faure, David, "The Mountain Tribes Before the Japanese Occupation," *In Search of the Hunters and Their Tribes*.Taipei: 順益博物館, 2001.

Fix, Douglas L., edited, http://academic.reed.edu/formosa/texts/texts.htm網站。

Fix, D. L. & J. Shufelt, edited, *Charles W. Le Gendre. Notes of Travel in Formosa*. Tainan: National Museum of Taiwan History, 2012.

Harrison, H., edited, *Natives of Formosa, British Reports of the Taiwan Indigenous People, 1650-1950*. Taipei: 順益台灣原住民博物館，2001.

Hawks, Francis L., compiled, *Narrative of the Expedition of an American Squadron to the China Seas and Japan, performed in the years 1852, 1853, and 1854, under the Command of Commodore M. C. Perry, United States Navy, by order of the Government of the United States*. Washington D. C.: Benerley Tucker, 3 Vols., 1856；N. Y.: D. Appleton & Co., 2 Vols. , 1856.

House, Edward, *The Japanese Expedition to Formosa*（《征臺紀事》）. Tokio: 1875.

Huang, Lin, and Kaim Ang（黃富三、林滿紅、翁佳音）, edited, *Maritime Customs Annual Returns and Reports of Taiwan, 1867-1895*, 2Volumes;《清末臺灣海關歷年資料（1）、（2）》. Taipei: Institute of Taiwan History, Academia Sinica（中研院台史所），1997.

Ino, Kanori（伊能嘉矩），《台灣蕃政志》，總督府民政部植產局，1904；Taipei: 南天書局（SMC），1997.

Ishii, Shinji, "The Island of Formosa and Its Primitive Inhabitants," *The China & The Japan Society*, 1916.

Jarman, Robert L., edited, Taiwan Political and Economic Reports, 1861-1960, 12 Volumes. Slough, UK: Archive Edition, 1997.

Lamley, Harry, "Frontier days in Formosa," in *Free China Review*. Taipei: June 1992.

Le Gendre, Charles W., *Reports on Amoy and the Island of Formosa*. Washington: Government Printing Office, 1871.

MacGovern, Janet, *Among the head hunters of Formosa*. London: Adelphi Terrace,

1922; Taipei reprint, SMC（南天）, 1997.

MacKay, George L., *From Far Formosa*. Edinburgh & London: Oliphant, Anderson & Ferrier, 1896; Taipei reprint, SMC（南天）, 2002.

MacKay, George L., *Mackay's Diaries: Original English Version*;《馬偕日記英文版: 1871-1901年》。Taipei: The Relic Committee of the Northern Synod of the Taiwan Prebesbyterian Church & Alrthia University, 2007.

Maxwell, William, "Tai-Wan-Foo," Hong Kong: *Hongkong Journal*, c. 1865.

Moody, Campbell N., The Heathen Heart. Edinburgh & London: Oliphant, Anderson & Ferrier, 1907; Taipei reprint, Ch'eng Wen（成文）, 1973.

The Saints of Formosa. Edinburgh & London: Oliphant, Anderson & Ferrier, 1912; Taipei reprint, Ch'eng Wen, 1971.

Nish, Ian, edited, *British Documents on Foreign Affairs; Reports and Papers from the Foreign Office Confidential Print, Part 1, Series E., Asia, 1860-1914, Vol. 5, Sino-Japanese War and Triple Intervention, 1894-95*. University Publications of America, 1989.

British Documents on Foreign Affairs; Reports and Papers from the Foreign Office Confidential Print, Part 1, Series E., Asia, 1860-1914, Treaty Revision and Sino-Japanese Dispute over Taiwan, 1868-1876. University Publications of America, 1994.

Otness, Harold, *One Thousand Westerners in Taiwan, to 1945; A Biographical and Bibliographical Dictionary*. Taipei: Institute of Taiwan History, Academia Sinica, 1999.

Pickering, William, *Pioneering in Formosa*. London: Hurst & Blackett, 1898; Taipei reprint, SMC（南天）, 1993.

Steere, Joseph B. 著; 李壬癸編, *Formosa and Its Inhabitants*. Taipei: Institute of Taiwan History, Academia Sinica, 2002.

Taylor, George & others; G. Dudbridge, edited, *Aborigines of South Taiwan*. Taipei: 順益台灣原住民博物館、中研院台史所, 1999.

森丑之助，《台灣蕃族志》第一卷，1917；台北：南天（SMC），1996。

索　引

地名

船名

其他

國家圖書館出版品預行編目資料

紅毛探親再記——島內島外趴趴走／陳政三著. --
初版. --臺北市：五南, 2014.01
　　面；　公分.

ISBN 978-957-11-7406-8 (平裝)

1.臺灣史　2.清領時期　3.日據時期
733.27　　　　　　　　　　　　102022833

台灣書房　10

8V46　　紅毛探親再記——
　　　　島內島外趴趴走

作　　　者　陳政三（246.4）
總 編 輯　王翠華
副總編輯　蘇美嬌
責任編輯　邱紫綾
封面設計　童安安

發 行 人　楊榮川
出 版 者　五南圖書出版股份有限公司
地　　址　台北市和平東路2段339號4樓
電　　話　02－27055066
傳　　真　02－27056100
郵政劃撥　01068953
網　　址　http://www.wunan.com.tw
電子郵件　wunan@wunan.com.tw
劃撥帳號　01068953
戶　　名　五南圖書出版股份有限公司

台中市駐區辦公室/台中市中區中山路6號
電　　話：(04)2223-0891　　傳　　真：(04)2223-3549
高雄市駐區辦公室/高雄市新興區中山一路290號
電　　話：(07)2358-702　　傳　　真：(07)2350-236

顧　　問　林勝安律師事務所　林勝安律師

出版日期　2014年1月 初版一刷
定　　價　新台幣320元整

台灣書房

台灣書房